中小企业合作发展促进中心 组编

王 欣 / 主编

民营企业
合规风险防范
典型案例解析

中国法制出版社
CHINA LEGAL PUBLISHING HOUSE

前　言
PREFACE

2023 年 7 月 31 日，由全国工商联主办，最高人民法院、最高人民检察院、公安部、司法部、中国法学会支持的第五届民营经济法治建设峰会在京召开。峰会旨在全面贯彻党的二十大精神，扎实推进学习贯彻习近平新时代中国特色社会主义思想主题教育，深入落实习近平法治思想和中共中央、国务院《关于促进民营经济发展壮大的意见》中的重大决策部署，充分展示公检法司机关协力保护民营企业产权和企业家权益，共同营造市场化、法治化、国际化一流营商环境，以法治助力民营企业，稳预期、强信心、促发展。

早在 2021 年 6 月 3 日，最高人民检察院、司法部等九部门就联合发布了《关于建立涉案企业合规第三方监督评估机制的指导意见（试行）》（以下简称《意见》），旨在为民营企业发展提供公平公正的法律环境。《意见》的核心要点在于，检察院在办理涉企业犯罪案件时，交由第三方监督评估机制管理委员会选任的评估组织，对涉案企业的合规承诺进行调查、评估、监督和考察。评估结果作为人民检察院批准或不批准逮捕、起诉或不起诉，是否变更强制措施，以及提出量刑建议、检察建议的重要参考。《意见》的出台，对于依法推进企业合规改革试点工作，及时有效预防企业违法犯罪，推动社会治理现代化，为经济社会高质量发展提供更加优质的法治保障，无疑都具有十分重要的意义和作用。

促进民营经济做大做优做强，离不开民营企业自身改革发展、合规经营和转型升级。为推进企业合规管理，国务院国资委印发了《中央企业合规管理办法》（自 2022 年 10 月 1 日起施行）；国家市场监督管理总局、国家标准化管理委员会发布了合规管理体系国家标准《合规管理体系要求及使用指南》（GB/T 35770—2022，自 2022 年 10 月 12 日起施行）。

中小企业合作发展促进中心矢志不渝地坚持全面贯彻国家关于民营企业的相关政策，为民营企业搭建沟通、交流与合作的平台，在与政府部门沟通、法律咨询、政策引导及教育培训等方面，为企业提供全方位服务。

中小企业合作发展促进中心利用国内外的法律资源优势，研究分析了国内外合规不起诉的典型案例，结合我国现行的法律和政策，围绕企业合规建设的要求，组织编写了涵盖企业内部和外部合规与风险防范的《民营企业合规风险防范典型案例解析》一书。本书分为股权与公司治理合规、生产经营合规、投融资合规以及合规不起诉等章节，通过对案例的合规流程分析，总结企业需要防范的风险，并链接相关法条，让读者通过了解实际案例，直观、有效地获得关于企业合规管理经营的知识。

中小企业合作发展促进中心联合相关单位拟定并推动建设企业合规能力规范管理评价体系，该体系的建立将在切实推进企业合规建设与可持续发展方面起到举足轻重的作用。

当前，广大民营企业顺应形势，更加重视自身合规管理体系和制度建设，自觉推进企业合规管理制度的完善，着力促进企业平稳健康发展。务实而言，成熟完善的合规管理体制，不仅可以保障企业和企业高管的安全，而且有助于企业规范运行，行稳致远，实现财富的保值和增值。本书旨在帮助广大企业和高层管理人员树立合规意识，通过对企业合规管理的案例研习，提升合规管理能力，帮助民营企业和民营企业家自觉践行合规理念，向高质量发展的目标迈进。

在全面建设社会主义现代化国家的新征程上，在中国式现代化的实践中，相信民营经济一定会走向更加广阔的舞台，为经济社会发展作出更大贡献。

目 录
CONTENTS

上篇 企业内部合规与风险防范

下篇 企业外部合规与风险防范

上篇

企业内部合规与风险防范

一、股权与公司治理合规

1. 公司减少注册资本时，应履行法定程序

案例：股东刘某诉某钢铁公司减少注册资本案

案例简介

被告某钢铁公司于 2000 年成立，注册资本为 5000 万元，登记股东为原告刘某和第三人霍某，持股比例分别为 10%、90%。该公司章程规定：公司增加或减少注册资本，必须召开股东会并由经代表一半以上表决权的股东表决通过并作出决议，公司减少注册资本，还应当自作出决议之日起 10 日内通知债权人，并于 30 日内在报纸上公告，公司变更注册资本应依法向登记机关办理变更登记手续。

2016 年 7 月，某钢铁公司形成如下股东会决议："一、公司注册资本由 5000 万元减至 1750 万元；二、公司减少注册资本后，霍某出资额 1250 万元，出资比例

71%，刘某出资额 500 万元，出资比例 29%；三、公司在本决议作出后，编制资产负债表及财务清单，在 10 日内通知债权人，并于 30 日内在报纸上公告；四、通过章程修正案……表决结果为：霍某同意，占总股数 90%；刘某不同意，占总股数 10%。"2016 年 8 月，被告在报纸上刊登减资公告，记载被告经股东会决议将注册资本减至 1750 万元。

2016 年 9 月，某钢铁公司出具有关债务清偿及担保情况说明（以下简称"情况说明"），其中记载：根据公司编制的资产负债表及财产清单，公司对外债务为××万元；至 2016 年 9 月某钢铁公司已向要求清偿债务或提供担保的债权人清偿了全部债务或提供了相应的担保；未清偿的债务，由公司继续负责清偿，并由股东霍某在法律规定的范围内提供相应的担保。该份情况说明落款加盖了公司印章，且霍某在担保人处签名确认。2017 年 3 月，某钢铁公司办理了上述减资的变更登记手续。

其后，刘某要求确认 2016 年 7 月股东会决议无效并要求某钢铁公司和第三人霍某办理相关撤销变更登记手续，故涉诉。

案例分析

《公司法》第一百七十七条规定："公司需要减少注

册资本时，必须编制资产负债表及财产清单。公司应当自作出减少注册资本决议之日起十日内通知债权人，并于三十日内在报纸上公告。债权人自接到通知书之日起三十日内，未接到通知书的自公告之日起四十五日内，有权要求公司清偿债务或者提供相应的担保。"

本案争议的焦点在于 2016 年 7 月某钢铁公司的股东会决议是否无效。首先，该次股东会决议内容主要涉及某钢铁公司注册资本减资和第三人出资额减资的事项，且该次股东会决议由被告的全体股东即刘某和第三人参与表决，虽然刘某投票反对，但因第三人投票同意该决议，故该决议内容已经代表 2/3 以上表决权的股东通过，符合《公司法》第三十七条、第四十三条的规定。公司章程中的规定与《公司法》第四十三条存在不一致之处，应以《公司法》第四十三条为准。

其次，对于刘某以被告和第三人存在违反《公司法》第二十条、第一百七十七条规定情形而要求确认该次股东会决议无效并办理相关撤销变更登记手续的意见，《公司法》第二十条、第一百七十七条规定对于本案所涉减资事宜的 2016 年 7 月股东会决议，并非效力性强制性规定，故刘某以某钢铁公司和第三人存在违反上述条款情形而要求确认 2016 年 7 月股东会决议无效并办理相关撤销变更登记手续的意见，不应予以支持。如果刘某及其他债权人认为被告和第三人存在违反该条款情形并致使其合法权益受到损害，可另找其他合法途径向被告和第三人进行主张。

最后，针对被告 2016 年 7 月曾形成的涉及减资的股东会决议，刘某投票予以反对，且该股东会决议并未实际履行及办理变更登记手续，故刘某以曾形成过该股东会决议为由，要求确认于 2016 年 7 月形成的已经实际履行并办理变更登记手续的股东会决议无效的意见，缺乏事实和法律依据，不应予以支持。

风险提示

当公司想减少注册资本时，需要注意以下两点：第一，公司股东会决议内容涉及与注册资本相关的事宜时，决议内容须经代表 2/3 以上表决权的股东通过。第二，当公司减少注册资本时，须编制资产负债表和财产清单，并及时通知债权人。

法条链接

《中华人民共和国公司法》第二十条、第三十七条、第四十三条、第一百七十七条

2. 公司增资要符合程序，否则不具有法律约束力

案例：某玻璃公司增资后变更登记案

案例简介

2014年4月，原告刘某与被告韩某、韩某琳、张某、顾某、王某共同出资登记设立了某玻璃公司，注册资本共400万元，各股东的出资情况及对应的持股比例具体如下：张某出资120万元，持股30%；刘某、顾某各出资80万元，各持股20%；韩某琳、韩某、王某各出资40万元，各持股10%。2016年10月，某玻璃公司完成变更登记，注册资本由400万元变更登记为1500万元，同时变更股东持股比例。被告某建筑公司出资1100万元，持股73.33%。某玻璃公司申请上述变更登记的主要依据为落款日期均为2016年10月的公司章程及公司股东会决议。根据公司章程的规定，某玻璃公司增加注册资本，应由公司股东会作出决议，并经代表2/3以上表决权的股东通过。但上述章程和股东会决议均无刘某本人签名。而且，某建筑公司的所谓增资1100万元，在2016年10月18日完成验资后，就以"借款"的方式返回某建筑公司。

其后，刘某以自己不知情为由，主张某玻璃公司增资无效。

案例分析

《公司法》第四十一条规定："召开股东会会议，应当于会议召开十五日前通知全体股东；但是，公司章程另有规定或者全体股东另有约定的除外。股东会应当对所议事项的决定作成会议记录，出席会议的股东应当在会议记录上签名。"因此，增资未经股东会决议通过，或者股东会决议的形成不合法，即使出资者与公司达成出资协议，亦会导致增资行为无效。

本案中，一方面，在刘某不知情的情况下，某玻璃公司完成所谓的增资后即进行了变更登记，然而登记不具有股东权利创设效力，除非某玻璃公司进行了合法的增资，否则无法在实质上改变原有的股权比例；另一方面，某建筑公司用于所谓增资的1100万元在完成验资后，就以"借款"的形式归还给某建筑公司，其行为足以被认定为抽逃全部出资，亦反映了某建筑公司虚假增资的恶意。因此，对某玻璃公司设立时的股东内部而言，该增资行为无效，对刘某不产生法律约束力，不应以变更登记后的1500万元注册资本数额来降低刘某在某玻璃公司的持股比例。

此外，登记机关对增资事项主要进行形式审查，包括是否经股东会决议通过等，而对于股东会召集之前是否已通知所有股东、召集程序是否合法、股东签章是否真实等事项无法逐一核实。因此，就增资事项而言，变更登记是市场监督管理机构对公司变更管理的程序性要求，其不具有创设权利的效力。尤其是涉及虚假增资时，其"违法性"不因完成登记而"合法"。

风险提示

对于增资行为，要注意以下两点：第一，在程序方面，公司增资应由公司股东召开股东会，如果没有召开股东会或股东会召开程序、表决程序有瑕疵，都将影响增资行为的有效性。第二，登记机关要审查增资事项。

法条链接

《中华人民共和国公司法》第四十一条

《最高人民法院关于股权冻结情况下能否办理增资扩股变更登记的答复》

《最高人民法院执行工作办公室关于股东因公司设立后的增资瑕疵应否对公司债权人承担责任问题的复函》

3. 制订良好的股权激励计划，既获得资金又留住人才

案例：某公司"员工持股计划"方案

案例简介

某投资控股有限公司是由员工100%持有的民营企业，2023年，该公司股东为"某投资控股有限公司工会委员会"（持股99.35%）和刘某（持股0.65%）。该公司实行"员工持股计划"，参与员工131507人（截至2021年）。公司股权方案有过多次变革：公司初创期，缺少资金，员工缺少投资渠道，公司用实体股权激励换取内部融资，解决了资金问题，也留住了员工；公司稳步发展期，员工对公司更为信任，股权激励由实体股逐步转为虚拟股，扩大股权激励规模，公司获得了高额资金支持，员工也获得了丰厚收益；公司成熟发展期，依托充足资金推出TUP计划（时间单位计划），根据员工岗位、级别、绩效等按年分配期权，获得分红和增值，既给员工分利，也给公司留权。

案例分析

股权激励是将部分公司股权分配给员工，促使其与企

业发展保持长期一致的机制，是企业长远稳步发展的重要举措。股权激励无定案，公司要根据实际情况等悉心设计。在实施股权激励前，公司要关注六个方面：

第一，覆盖对象。将股权分配给全员可能会导致一些问题，特别是对于初创企业。全员持股会削弱公司实控人的持股数额，使股权结构复杂化，不利于公司对接资本市场，影响公司上市。公司根据员工职级以及贡献度等，将部分股权（如20%）分配给核心技术人员、工作骨干等更具可操作性。

第二，激励模式。激励模式是股权激励计划的关键，主要包括三类：实股型，员工以较低价格购入公司实股；期权型，员工获得能够以低价购买公司股权的权利，此权利具有交易价值；虚拟股票型，员工不持有实股，也不真实出资，而是获得按虚拟持股比例计算出的分红权。

第三，持股规模。激励规模不宜过大，控制在总股本的20%乃至更低为宜，且分阶段缓释到达这一规模较好。缓释过程中，企业可根据自身发展调整不同阶段的股权定价。

第四，股权定价。股权定价过高会失去吸引力，过低则可能贬低股价而损害公司利益。通常，激励计划的股权定价应按照实际估值来，如参考近期公司融资时与投资方达成的估值。面向同一批次的激励对象的股权定价应相同，往后批次的股权定价应不低于前批次定价。

第五，行权要求。在给予激励对象股权后，公司可以对员工行权再设定一些要求：基本要求，如工作满一定期限、实际出资后才可获权等；业绩要求，如业绩考核达到某一等级才能行权，防止员工因持股而缺少工作动力。

第六，退出机制。若持股员工离职，激励股权应如何处置？员工离职既有主动辞职，也有被辞退，还有的是双方协商一致后离职。由于持股员工的离职原因和过错程度不同，其获利也应有所差别。由公司控制人直接回购抑或减资，都可能牵涉不同的法律、税务情形。

风险提示

制订股权激励计划应关注的要点有很多，以下三点需特别注意。

第一，慎重考量企业股权结构和长远发展。持股平台和股权结构，深刻影响公司行稳致远，尤其是企业有融资、上市等安排要提前谋划。有的公司为避免因实股化出现员工离职、股权出质等问题，采用虚拟股权方式，然而这对现金流需求很高，若资金不足，可能使激励承诺难以按期兑现。反之，如果企业采用实股化方式，需考虑是否要搭建持股平台，搭建何种平台，是否准许外部人员持股等。

第二，重视投资人意见。股权激励计划一般由公司实控人特别是创始人发起，公司其他投资人对于是否会稀释其股权或表决权可能较为在意。在设计股权激励方式时，应充分获得投资人的广泛支持。

第三，注意税务风险。在分红或发生股权变动时均可能触及个税问题。企业实控人和持股员工转入和转出的股价可能因不公允而导致税务认定问题。

> **法条链接**

《中华人民共和国公司法》第七十一条、第一百四十一条、第一百四十二条

《中国证券监督管理委员会、国务院国有资产监督管理委员会、财政部等关于上市公司股权分置改革的指导意见》

《上市公司股权激励管理办法》

《财政部、国家税务总局关于完善股权激励和技术入股有关所得税政策的通知》

4. 合理认缴注册资本，为公司留足发展空间

案例：A公司诉B公司股东叶某清偿公司债务案

案例简介

A公司在对C公司增资的过程中，与C公司控股股东B公司签订对赌协议，双方约定，如C公司未达到业绩要求，B公司要承担股份回购义务。后因C公司未实现业绩目标，A公司要求B公司对其增持股份回购。此外，B公司的股东叶某存在部分出资期限已届满但未实缴的情形，A公司起诉叶某承担补充赔偿责任。法院认为：未全面履行出资义务的股东应在未出资本息范围内对公司债务不能清偿的部分承担补充赔偿责任。本案中，叶某是B公司的控股股东，一直没有完全履行出资义务，故其应当承担补充责任。

案例分析

根据《公司法》第三条的规定，……有限责任公司的股东以其认缴的出资额为限对公司承担责任……2013年修订的《公司法》将注册资本实缴制改为认缴制，解除了对公司注册资本的限制。"认缴制"指由股东自由决定设立公司时的注册资本金额及出资期限，除某些特殊类型的

公司外，法律不再对出资金额及期限进行强制性规定。资金不足时，股东仍可认缴较高额的注册资本。那么股东能否随意注册资本数额，抑或将出资期限设定为无限长以规避出资责任呢？

认缴制下，认缴出资并非不用出资，股东的责任范围与其认缴金额一致。如果股东不能依照认缴金额出资或缴纳资本后又抽逃，会导致两个方面责任：一是对公司及其他股东的违约责任。《公司法》第二十八条规定："……股东不按照前款规定缴纳出资的，除应当向公司足额缴纳外，还应当向已按期足额缴纳出资的股东承担违约责任。"二是对公司债权人的补充责任。《最高人民法院关于适用〈中华人民共和国公司法〉若干问题的规定（三）》第十三条规定："……公司债权人请求未履行或者未全面履行出资义务的股东在未出资本息范围内对公司债务不能清偿的部分承担补充赔偿责任的，人民法院应予支持……"

通常，法院不要求出资期限未届满的股东对公司债务承担补充责任，但为保障债权人权益，《全国法院民商事审判工作会议纪要》规定了两点例外情况：其一，公司作为被执行人，人民法院穷尽执行措施无财产可供执行，已具备破产原因，但不申请破产的；其二，在公司债务产生后，公司股东（大）会决议或以其他方式延长股东出资期限的。此时，即使出资期限未届满，债权人也可直接要求股东在未实缴的范围内对公司债务承担补充责任。

注册资本过高，还可能阻碍股权转让或融资。认缴制下，意向受让方可能基于对出资责任的担忧而放弃受让股权。同理，注册资本过高的公司在引入风投机构增资时，投资人需要投入大量资金才能取得对应比例的股权，从而对交易造成实质障碍。

投资者也难以极低的注册资本成立公司规避风险。《全国法院民商事审判工作会议纪要》第十二条明确了资本显著不足的判断标准。股东借较低资本从事规模经营，说明其无经营诚意，意图把投资风险转嫁给债权人。此时债权人可主张否认公司的有限责任，要求股东承担责任。

风险提示

认缴制下的注册资本是投资者为自身设定的责任范围。如果没有缴纳能力，则可能面临追偿风险。高额注册资本还可能阻碍公司股权转让或融资，牵制企业发展。资本过低，则可能被认定为资本显著不足，有借有限责任逃避债务之嫌，股东仍需承担责任。

企业家要理性看待注册资本认缴制度，适当确定注册金额。要从企业发展实际和资金实力出发，综合考虑注册资本规模及出资期限，量力而行，既要规避风险，又要为公司发展和融资留足空间。

📖 **法条链接**

《中华人民共和国公司法》第三条、第二十八条

《最高人民法院关于适用〈中华人民共和国公司法〉若干问题的规定（三）》第十三条

《全国法院民商事审判工作会议纪要》（法〔2019〕254号）第六条、第十二条

5. 面对投资，公司应做好"反向尽调"以规避风险

案例：A公司诉合伙人B基金管理投资欺诈案

📖 **案例简介**

A公司与B基金合资成立合伙企业，A公司是有限合伙人，B基金是普通合伙人。双方签订《合伙协议》前，B基金向A公司提交了一份对拟开展项目的《尽职调查报告》，B基金的报告中夸大了业绩、虚构了管理经验，但A公司基于信任，没有实际调查就出资数亿元交由B基金管理投资。后因B基金投资的项目款项无法收回，A公司遂以B基金欺诈为由，请求法院撤销《合伙协议》。

法院认为：B基金的《尽职调查报告》是对项目的整

体介绍而非要约，报告无论是否存在夸大情形，A公司在巨额投资前均有义务对B基金的真实实力进行核实。《尽职调查报告》只是根据当时的情况对将来还款保证所作的预估，不应以之后的实际情况推定B基金存在虚构、隐瞒实情等行为。A公司没有提交证据证明B基金关于业绩、经验的陈述为虚构，故法院不支持A公司的诉求。

案例分析

本案中，A公司应对B基金进行"反向尽调"以规避风险。"反向尽调"是被投企业对投资人的尽调，主要调查以下几个方面。

第一，投资人构成。被投企业首先要清楚谁是真正的投资者，谁在管理运营资金。资金来源不同，则真正的投资者不同。较为标准的私募基金或资管产品，其资金募集而来，投资人投钱而不决策，管理人即为决策者，这时调查管理人就较为重要。而对于并不标准的私募基金或资管产品，则需要核实真正资方的情况，确认资方资源与企业需求是否匹配。不建议企业大量吸纳从不特定的多数自然人处募集的资金，这种募集行为存在非法集资风险。

第二，出资来源。若投资人是以货币形式出资，则资金来源的调查困难较小，违约后果较好控制。但若投资人以非货币形式出资，如土地、知识产权，甚或以第三方公司的股票或股权作为对价收购（或投资）被投企业时，对出资物的调查困难较大，既要核实投资人对拟出资资产的产权，还要摸清出资物的真正价值。尤其是在被投企业真正看重的是投资人的关系网、核心技术或资源时，建议寻求专业评估。

第三，管理人团队及投资案例。如果投资人为私募基金，则其管理人是核心，应当重点关注投资人管理团队的履历，包括：其是否具备从业资格，是否具备同行业投资案例，是否具有充足行业经验等。相较推介材料，被投企业要更关注投资人曾经投资的案例，包含失败的案例，要关注投资人的干预程度以及其曾为企业提供的实际支持。

风险提示

一般来说，投融资总体处于"买方市场"，特别是在被投企业资金短缺的情况下，对投资人的"反向尽调"实有困难。然而，对于部分企业而言，"反向尽调"确有必要。对于初创企业来说，其实现预期经营目标存在较强的不确定性，如投资人无法按约定支持，有损企业长远发展。对于寻找战略投资人的企业来说，其寻求的并非资金而是"资源"，投资人背景与企业未来发展方向紧密相关，因此对投资人的背景调查也不可或缺。

调查方法上，建议聘请专业律师或中介机构调查，被投企业也能够通过部分公开信息调查基本情况：一是可通过国家企业信用信息公示系统等查询投资人信息，了解其他被投企业的详情，分析投资人的投资风格。二是若投资人为私募基金，可在基金业协会官网查询基金及其管理人的基本信息。三是可要求投资人详细介绍资金来源。

　　总之，在签订投资协议前，被投企业应对投资人的背景，特别是对其实际构成、资金来源、管理人员、以往案例等进行了解，不偏信推介材料。有些大型并购项目，最好双向尽调。

法条链接

　　《保荐人尽职调查工作准则》①

6. 适时行使股权优先购买权，警惕被股权出卖方"套路"

案例：某矿产公司诉某建筑公司侵害其股权优先购买权案

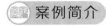 案例简介

　　某矿产有限公司（以下简称矿产公司）、某建筑有限

_____

　　① 非"反向尽调"工作准则，仅供借鉴、参考。

公司（以下简称建筑公司）系某新矿产建筑有限公司（以下简称新矿产建筑公司）的股东，分别持股 38.2%、61.8%。2012 年 2 月 15 日，新矿产建筑公司通过股东大会决议：第一，同意建筑公司转让其所持股份，转让价以评估价为依据；第二，矿产公司不放弃优先购买权。5 月 25 日，新矿产建筑公司把股权公开转让材料报送到某产权交易所。6 月 1 日，产权交易所公告新矿产建筑公司 61.8% 股权转让的信息。

7 月 2 日，矿产公司向产权交易所发函称，根据框架协议及补充协议，系争转让股权信息披露遗漏、权属存在争议，矿产公司享有优先购买权，请求产权交易所暂停挂牌交易，重新披露信息。7 月 3 日，某水利电力物资有限公司（以下简称水利公司）与建筑公司通过产权交易所签订产权交易合同。9 月 11 日，新矿产建筑公司向水利公司出具出资证明书，并将其列入公司股东名册，但未能办理变更登记。

矿产公司诉至法院，认为建筑公司侵害了其优先购买权，请求判令矿产公司对建筑公司转让给水利公司的新矿产建筑公司 61.8% 的股权享有优先购买权，并以转让价 4869.1 万元行使优先购买权。法院支持了矿产公司的诉讼请求。

案例分析

《公司法》第七十一条规定："有限责任公司的股东之间可以相互转让其全部或者部分股权。股东向股东以外的人转让股权，应当经其他股东过半数同意。股东应就其股权转让事项书面通知其他股东征求同意，其他股东自接到书面通知之日起满三十日未答复的，视为同意转让。其他股东半数以上不同意转让的，不同意的股东应当购买该转让的股权；不购买的，视为同意转让。经股东同意转让的股权，在同等条件下，其他股东有优先购买权。两个以上股东主张行使优先购买权的，协商确定各自的购买比例；协商不成的，按照转让时各自的出资比例行使优先购买权。公司章程对股权转让另有规定的，从其规定。"

本案中，建筑公司与水利公司的股权转让合同是无效的。矿产公司未明确要放弃优先购买权。在股权交易前，矿产公司向产权交易所提出了异议。但是，产权交易所对矿产公司所提出的异议并未予以答复，且没有告知交易是否如期，在这种情况下，直接将建筑公司股权拍卖给水利公司，侵害了矿产公司的优先购买权。

风险提示

有限责任公司的老股东可通过行使优先购买权实现对

公司的控制权。在公司的经营过程中，股权是很关键的一环。当股权有变动时，股东应当依法积极行使优先购买权。当然，最主要的是，股东应当对公司的状况有较好的把握，警惕被其他第三方或者出卖股权的当事人"套路"。

法条链接

《中华人民共和国公司法》第七十一条

7. 不让股东查阅账簿，公司须证明其有"不正当目的"

案例：G 公司股东朱某要求行使股东知情权案

案例简介

G 公司股东为马某和朱某（二人系夫妻关系），原法定代表人为朱某。G 公司召开股东会，股东马某、朱某均出席了会议，股东会决议通过以下事项："决定免去朱某公司执行董事职务，选举马某担任公司执行董事，任期 3 年；免去马某公司监事职务，选举朱某担任公司监事，任期 3 年；决定将公司注册资本（实收资本）从 50 万元增至 200 万元，此次由股东马某增资 150 万元……"该股东会决议下方有 G 公司印章及朱某、马某两人签名。股东会后，G公司将原法定代表人朱某变更为现法定代表人马某，注册资本由50万元增至200万元（其中马某持股87.25%；朱某持股12.75%）。2016年8月29日，朱某向人民法院提起离婚诉讼，后法院判决不准予双方离婚。

某日，朱某向G公司法定代表人马某寄送了《查阅会计账簿请求函》，内容为："自公司法定代表人变更后，作为G公司股东的朱某对公司经营状况知之甚少。为了解公司资产及实际经营状况，更好参与和监管公司事务，维护股东合法权益，申请人朱某依据《公司法》规定，行使股东知情权。请G公司收到请求函之日起15日内书面答复，并告知查阅地点及时间。"马某认为朱某查阅会计账簿有不正当目的，拒绝提供查阅。朱某遂将G公司诉至法院。

G公司辩称朱某行使知情权系因其与马某之间存在离婚纠纷，朱某具有不正当目的。但G公司提供的证据并不能证明朱某行使股东知情权会损害G公司的合法权益。故对原告朱某要求行使股东知情权的诉讼请求，法院予以支持。

案例分析

《公司法》第三十三条第一款规定："股东有权查阅、复制公司章程、股东会会议记录、董事会会议决议、监事会会议决议和财务会计报告。"

本案中,原告朱某作为 G 公司股东,对该条规定中的内容享有知情权,因此,朱某关于查阅、复制公司章程、股东会会议记录、董事会会议决议、监事会会议决议和财务会计报告的诉讼请求,符合法律规定。

《公司法》第三十三条第二款规定:"股东可以要求查阅公司会计账簿。股东要求查阅公司会计账簿的,应当向公司提出书面请求,说明目的。公司有合理根据认为股东查阅会计账簿有不正当目的,可能损害公司合法利益的,可以拒绝提供查阅,并应当自股东提出书面请求之日起十五日内书面答复股东并说明理由。公司拒绝提供查阅的,股东可以请求人民法院要求公司提供查阅。"

一方面,股东主张查阅公司会计账簿需要履行法定前置程序,即向公司提出书面请求、说明查阅目的。本案中,朱某通过向 G 公司寄送《查阅会计账簿请求函》的形式提出书面查阅申请,且 G 公司确已收到该邮件,故应认定朱某已经履行了查阅会计账簿的法定前置程序。

另一方面,朱某在《查阅会计账簿请求函》中亦表示其行使股东知情权的目的是了解公司实际经营状况,更好地对公司事务参与经营和监督,以便维护自身合法的股东权益,且本案中被告方未提交证据证明朱某查阅会计账簿有不正当目的,因此,不能认定朱某查阅会计账簿具有不正当目的。

股东行使知情权，查阅公司章程、股东会决议记录、董事会会议决议、财务会计报告等材料前，应提前向公司提出书面申请，说明查询目的，履行法定前置程序。股东行使知情权的目的不能损害公司合法利益，如公司认为股东行使知情权可能损害公司合法利益时，可以拒绝股东的查阅申请，并应当自股东提出书面请求之日起十五日内书面答复股东并说明理由。

风险提示

对于何种情形属于"不正当目的"，《公司法》没有明确规定。实践中，法院对于股东查阅会计账簿是否属于"不正当目的"，往往基于个案事实，具体考量，能够支持公司拒绝股东查阅公司会计账簿的情形，多限于股东存在同业竞争、损害公司合法利益的情形。此外，股东行使知情权，应当对其查阅公司会计账簿的目的正当性承担初步的举证责任；公司如认为股东的查阅有"不正当目的"，可能损害公司合法利益的，则应当承担举证责任。

法条链接

《中华人民共和国公司法》第三十三条

8. 股东查阅会计账簿会损害公司利益时，公司可以拒绝

案例：罗某某诉 A 公司股东知情权纠纷案

案例简介

A 公司于 1999 年 9 月 22 日成立。罗某某于 2001 年 6 月 5 日成为 A 公司股东及监事，持有 A 公司 2% 的股份。2015 年 7 月，罗某某从 A 公司离职，到 B 公司市场部任职，仍持有 A 公司 1.23% 的股权比例。2016 年 6 月 27 日，罗某某委托律师向 A 公司发出律师函，以"为了解公司实际经营情况，规范公司运行，使其知情权得以有效保护"为目的，要求 A 公司向其或其委托的律师或注册会计师提供自公司成立以来的章程、股东会会议记录、董事会会议决议、监事会会议决议等经营信息和会计账簿、会计凭证等供查阅。2016 年 7 月 13 日，A 公司向罗某某回函，要求罗某某以书面形式向公司说明查阅、复制相关材料的真实目的。罗某某遂向法院提起诉讼。经查，A 公司与 B 公司的经营范围较为重合。法院最终未支持罗某某的诉讼请求。

案例分析

《公司法》第三十三条规定："股东有权查阅、复制公司章程、股东会会议记录、董事会会议决议、监事会会议决议和财务会计报告。股东可以要求查阅公司会计账簿。股东要求查阅公司会计账簿的，应当向公司提出书面请求，说明目的。公司有合理根据认为股东查阅会计账簿有不正当目的，可能损害公司合法利益的，可以拒绝提供查阅，并应当自股东提出书面请求之日起十五日内书面答复股东并说明理由。公司拒绝提供查阅的，股东可以请求人民法院要求公司提供查阅。"

在衡量"股东可以要求查阅"与"公司有合理根据可以拒绝查阅"之权利冲突时，核心标准在于股东一旦行使上述权利是否可能损害公司的权益。对股东行使知情权是否损害公司权益的审查为可能性之审查，一旦公司向法院提交证据的证明作用占据优势地位，即应当支持公司的拒绝查阅之决定。会计账簿记载公司经营管理活动，为了平衡股东与公司之间的利益，避免股东知情权的滥用，股东在查阅公司会计账簿时，应当以正当目的为限制，亦应当遵循诚实信用原则，合理地行使查阅权。

🖊 风险提示

股东知情权是股东通过查阅包括公司会计账簿在内的有关公司经营、管理、决策的相关资料，实现了解公司的经营状况和监督公司高管人员活动的权利。但是为了保护公司商业秘密，避免恶意干扰公司经营，对于股东知情权的行使应当给予适当的限制。如果公司有理由相信股东查阅公司会计账簿会对公司利益造成损害时，公司可以拒绝其进行查阅。

➡ 法条链接

《中华人民共和国公司法》第三十三条

9. 股东应注意将公司财产独立于自己的财产

案例：刘某与王某、某建筑公司等
民间借贷纠纷案

📋 案例简介

刘某起诉某建筑公司及王某。刘某称：某建筑公司由王某独资经营，刘某和某建筑公司及王某、案外人王某坚（王某丈夫）于 2012 年 8 月 2 日签订《投资合同》。合同中约定：签约后的 3 个月内，如果某建筑公司及王某违约或者刘某对某建筑公司及王某在签约前和签约后所提供的经营报表、财务报表相关数据有不同意见时，刘某可单方面书面通知终止投资协议，某建筑公司也必须无条件退还刘某的投资资金。

在合同签订之后，刘某向某建筑公司支付 208 万元人民币，同时他也审计了财务资料。但是，审计结果显示，某建筑公司的财务、资产状况与签约前两被告所告知的财务数据严重不符，且王某坚名下的某品牌及礼品公司的业务也未按约定转入某建筑公司。

刘某根据约定通知两被告终止《投资合同》。某建筑公司及王某同意退还 40 万元，同时也对余款 168 万元如何归还做出声明。但是，某建筑公司及王某后来均拒绝退还余款。故刘某请求法院判令：一、某建筑公司返还投资款 168 万元；二、某建筑公司支付上述投资款的利息损失，自 2013 年 5 月 30 日起至判决生效之日止，按银行同期贷款利率计算；三、王某对上述付款义务承担连带清偿责任。

一审法院判决：被告某建筑公司应于本判决生效之日起 10 日内返还原告刘某投资款 168 万元；二、被告建筑公司应于本判决生效之日起 10 日内赔偿原告刘某逾期返还投资款的利息损失；三、被告王某对上述第一项、第二项判决中被告某建筑公司的债务承担连带清偿责任。某建筑公司及王某不服一审判决，提起上诉。二审法院判决：一、维持原审判决第一项、第二项；二、撤销原审判决第三项；三、驳回刘某的其余诉讼请求。

📝 案例分析

《公司法》第六十三条规定："一人有限责任公司的股东不能证明公司财产独立于股东自己的财产的，应当对公司债务承担连带责任。"

本案是刘某依约定向某建筑公司及王某投资 208 万元持股而进行合作，但最终没有成功并导致了纠纷。合作失败后，刘某向某建筑公司及王某索赔其支付的余款 168 万元。具体分析两个方面问题。

第一，关于某建筑公司应如何返还投资款的问题。刘某要求某建筑公司返还全额投资款的诉请符合双方的合同约定，在刘某通知解除《投资合同》后，某建筑公司对应当全额返还投资款也未提出异议，至于投资款是否已经用于经营以及某建筑公司是否无力还款的事实并不能改变双方的合同约定，也不能据此免除某建筑公司的还款义务。

第二，关于王某个人是否应承担连带清偿责任的问题。根据《公司法》第六十三条的规定，一人有限责任公司的股东不能证明公司财产独立于股东自己的财产的，应当对公司债务承担连带责任。刘某投资后，礼品公司的业务将全部转入某建筑公司，因此礼品公司的业务支出与刘某的投资项目直接有关；这些费用的支出均用于礼品公司的业务支出，并无款项转入王某个人账户的记录。所以，王某不承担连带清偿责任。

风险提示

一人有限责任公司的股东如果不能证明公司财产独立于自己的财产，那么对公司债务，股东应当承担连带责任。因此，一人有限责任公司的股东应当注意将自己的财产独立于公司财产，避免个人财产混同公司财产。

法条链接

《中华人民共和国公司法》第六十三条

10. 公司上市后负有信息披露义务，且披露信息应真实、准确、完整

案例：马某田等人违规披露、不披露重要信息、操纵证券市场案

案例简介

康某药业股份有限公司（以下简称康某药业）原法

定代表人、董事长、总经理马某田意图通过提升康某药业的公司市值，以维持其在中药行业"龙头企业"地位，进而在招投标、政府政策支持、贷款等方面获取优势。自2016年1月起，马某田下达康某药业每年业绩增长20%的指标，并伙同温某生等公司高级管理人员组织、指挥公司相关财务人员进行财务造假，他们通过伪造发票和银行回单等手段虚增营业收入、利息收入和营业利润；通过伪造、变造大额银行存单、银行对账单等手段虚增货币资金。在康某药业公开披露的《2016年年度报告》《2017年年度报告》和《2018年半年度报告》中，共计虚增货币资金886.81亿元，分别占当期披露资产总额的41.13%、43.57%和45.96%；虚增营业利润35.91亿元，分别占当期披露利润总额的12.8%、23.7%和62.79%。

2016年1月至2018年12月，马某田指使温某生等公司高级管理人员及相关财务人员在未经公司决策审批且未记账的情况下，累计向大股东康某实业投资控股有限公司（以下简称康某实业）及关联方提供非经营性资金116.19亿元，用于购买康某药业股票、偿还康某实业及关联方融资本息、垫付解除质押款及收购溢价款等。上述情况未按规定在《2016年年度报告》《2017年年度报告》和《2018年年度报告》中披露。2021年11月17日，人民法院经审理作出判决，认定马某田、温某生等12人犯违规披露、不披露重要信息罪。

📝 案例分析

根据《证券法》第七十八条第一款、第二款的规定，发行人及法律、行政法规和国务院证券监督管理机构规定的其他信息披露义务人，应当及时依法履行信息披露义务。信息披露义务人披露的信息，应当真实、准确、完整，简明清晰，通俗易懂，不得有虚假记载、误导性陈述或者重大遗漏。

信息披露制度是资本市场规范运行的基础。近年来，资本市场财务造假行为时有发生，部分上市公司经营业绩不佳，但为了获取政策支持、提高融资额度等利益，编造虚假财务信息向市场披露或隐瞒应当披露的财务信息不按规定披露，严重侵害投资者合法权益，削弱资本市场资源配置功能。

2020年12月26日，第十三届全国人民代表大会常务委员会第二十四次会议通过的《刑法修正案（十一）》，对《刑法》第一百六十一条规定的违规披露、不披露重要信息罪进行了修改：一是针对控股股东、实际控制人实施或者组织、指使实施违规披露或者不披露重要信息的行为作了明确规定，增加了第二款和第三款的规定；二是提高了该罪的刑罚，将"处三年以下有期徒刑或者拘役，并处或者单处二万元以上二十万元以下罚金"修改为两档刑，第一档刑规定处五年以下有期徒刑或者拘役，并处或单处罚金；第二档刑规定处五年以上十年以下有期徒刑，并处罚金。

风险提示

随着证券法律体系的不断完善，强化信息披露制度的落实显得越发重要，应当以较高的信息披露要求来保证市场健康运行也已经成为社会共识，但是，实践中违反信息披露规定的行为并不鲜见。上市公司应注意完善治理水平和制度规则，提升自身运作规范性，持续提升信息披露质量，做到披露及时，信息真实、准确、完整，简明清晰、通俗易懂。

法条链接

《中华人民共和国刑法》第一百六十一条

《中华人民共和国证券法》第七十八条、第八十四条、第八十五条、第一百九十七条

《上市公司信息披露管理办法》

《最高人民法院关于审理证券市场虚假陈述侵权民事赔偿案件的若干规定》

二、生产经营合规

1. 提升安全生产意识，做好安全生产第一责任人

案例：仙居县万某某、成某某重大劳动安全事故案

🔖 案例简介

　　某制药股份有限公司三车间过滤洗涤干燥机 E03018（案发时已超设备预计使用年限）发生故障，导致设备内正丁醇溶剂泄漏与空气混合并遇明火发生爆炸，事故造成林某某、张某某死亡的严重后果。经查，其中万某某作为三车间设备员，未充分履职，对事故设备日常管理不到位，未认真开展事故设备检查工作，未全面进行隐患排查治理，在事故设备安全设计预期使用寿命到期后，未按相关手续申报办理，未能保证事故设备正常运行；成某某作为分管设备工程部设备总监，领导设备工程部工作不力，管理不到位，对事故设备隐患排查治理不力，未对事故设备进行全面检修，导致事故发生。

人民法院经审理，以重大劳动安全事故罪分别判处万某某、成某某有期徒刑一年六个月。

📝 案例分析

根据《刑法》第一百三十五条的规定，安全生产设施或者安全生产条件不符合国家规定，因而发生重大伤亡事故或者造成其他严重后果的，对直接负责的主管人员和其他直接责任人员，处三年以下有期徒刑或者拘役；情节特别恶劣的，处三年以上七年以下有期徒刑。

安全生产不仅关系到人民群众的生命安全和财产安全，也事关改革、发展和稳定的大局。危害生产安全犯罪为事故类犯罪，所涉罪名中，除了不报、谎报安全事故罪为故意犯罪，其余均为过失犯罪。案发原因主要是涉案单位或人员安全意识淡漠、缺乏从业资质、违反安全操作规程、内部监管混乱、相关职能部门外部监管不到位等。

本案是一起较为典型的负有安全管理义务的人员未履行或未完全履行安全管理义务导致人员伤亡的刑事案件。安全生产责任重大，特别是在高危行业，安全管理极其重要，本案被告人作为医药行业从业人员理应深知其中利害，但依然发生事故，造成严重后果，足以给行业安全生产管理敲响警钟。

企业的主要负责人是安全生产第一责任人，是责任主体。企业生产经营的目的是创造效益，但是企业在实现其生产利润的同时责无旁贷肩负着安全责任，企业负责人、产业工人在抓好产品生产管理、创造经济效益的过程中必须同时强调、实现自身安全操作。"生产"与"安全"如影相随，安全这一关键问题其实贯穿于生产领域的全过程。两者其实是相伴而行的。而落实这些安全管理制度、落实各项防范措施首当其冲、毫无疑问应由企业去完成。企业应当针对事故中暴露出的安全管理漏洞和监管问题，提升从业人员的安全生产意识，做好生产安全责任事故的防范工作。

风险提示

企业安全生产无小事，任何一点小纰漏都有可能造成无法挽回的事故，不仅损坏设备设施，造成经济损失，更有可能损害人身健康和安全。因此企业在生产、作业中要严格遵守有关安全管理的规定，加强安全生产警示教育，健全企业安全生产规章制度，建立企业员工岗位培训体系，制定企业生产事故应对机制，尽可能避免安全事故的发生。

企业家们应以此为鉴，对生产、作业负有组织、指挥或者管理职责的负责人、管理人员，实际控制人、投资人等人员，直接从事生产、作业的人员等，要增强法律意识，切勿因安全意识不足造成重大生产事故而涉嫌刑事犯罪。

法条链接

《中华人民共和国刑法》第一百三十五条

《中华人民共和国安全生产法》第五条、第六条

《最高人民法院、最高人民检察院关于办理危害生产安全刑事案件适用法律若干问题的解释》

《最高人民法院、最高人民检察院关于办理危害生产安全刑事案件适用法律若干问题的解释（二）》

2. 在污染治理上做"数字游戏"与"表面文章"，将自食苦果

案例：武汉某贸易有限公司、向某等 12 人 污染环境刑事附带民事公益诉讼案

案例简介

武汉某贸易有限公司（以下简称贸易公司）通过租赁船舶从事国内水上货物定线运输业务，国裕1号船由其经营。

贸易公司制定的《防止船舶造成污染管理须知》规

定，国裕 1 号船舱底含油污水可通过油水分离器处理达标后排放，也可由具备接收资质的第三方接收。但贸易公司机务部常年不采购、不更换油水分离器滤芯，致使船舶油水分离器无法正常工作。分管机务部的副总经理等人指示工作人员用纯净水替代油水分离器出水口水样送检，纵容船舶逃避监管实施偷排；其亦未将含油污水交给有资质第三方处理，含油污水长期无合法处置去向。

国裕 1 号船船长向某、担任轮机长殷某某、胡某某伙同同案其他被告人违反法律规定，先后五次偷排船舶含油污水，又购买污水接收证明自行填写后附于油类记录簿应付检查。后经举报，国裕 1 号船将含油污水偷排入长江的行为及作案工具被查获。

经鉴定，国裕 1 号船舱底含油污水属于"有毒物质"。生态环境损害的专家评估意见证实，以虚拟治理成本法计算得出五次偷排含油污水造成的生态环境损害数额为 10000 元至 37500 元。

人民法院作出刑事附带民事判决，认定贸易公司犯污染环境罪，判处罚金人民币 4 万元；以污染环境罪分别判处被告人向某等十二名被告人有期徒刑一年六个月至八个月，并处罚金人民币 3 万元至 10 万元；判令附带民事公益诉讼被告贸易公司支付生态环境损害赔偿费用等合计人民币 33450 元。

案例分析

根据《环境保护法》第六条第三款的规定，企业事业单位和其他生产经营者应当防止、减少环境污染和生态破坏，对所造成的损害依法承担责任。

自觉履行环保社会责任，积极参与建设生态文明实践，是企业落实发展科学发展观、实现可持续发展、建设环境友好型社会的必然选择。

遵守环保法律法规，是企业履行社会责任的基本要求。当前，一些地方环境污染事故频发，严重影响人民群众正常生产生活。造成此现象的一个重要原因，就是一些企业见利忘义，置国家环保法律于不顾，逃避环境监管，靠违法排污降低成本，致使企业赚钱、群众受害、社会买单。每一个有社会责任感的企业，都应该主动学习并自觉遵守环保法律法规，要把遵纪守法作为企业生存发展的道德底线。

积极做好污染减排工作，是企业履行环保社会责任的首要任务。企业是污染减排的主体，要以对人民和国家高度负责的精神，积极调整产业结构，保证污染治理设施正常运行，加大环境治理力度，努力削减污染负荷。

建设环境文化，是企业履行环保社会责任的内在动力。只有在企业职工中经常开展环境保护形势与政策宣传教育，培养他们的环境道德意识，才能形成自觉自愿保护环境的良好社会风尚。

自觉接受公众监督，是企业履行环保社会责任的有利鞭策。环境问题与公众的切身利益息息相关。环境保护事业需要公众的积极参与，保障公众的环保知情权、参与权，加强与公众的交流，接受公众监督，可以积极鼓励和帮助企业在环保方面不断改进和提高，树立良好的社会形象。

🖋 风险提示

企业是污染物排放的主体，也是环境治理中的关键环节，要自觉履行环境保护的社会责任。打好污染防治攻坚战，解决好突出环境问题，任何企业都不能以侥幸与观望的心态逃避环境治理责任。对企业来说，治污减排不仅仅是法律责任、社会责任，更是生存的现实需要。企业是市场经济的主体，也是环境保护的主体，是环境保护的重要参与者。在我国经济转向高质量发展的新阶段，企业主动担起环境治理责任谋发展，才能有出路。知法、懂法、守法，主动防污治污，规规矩矩地按照法律法规去组织生产、完善工艺，促进生产经营活动健康开展，容不得污染治理上的"数字游戏"与"表面文章"，否则必将自食苦果。

法条链接

《中华人民共和国刑法》第三百三十八条

《中华人民共和国环境保护法》第六条、第五十九条、第六十条

《最高人民法院关于审理生态环境侵权纠纷案件适用惩罚性赔偿的解释》

《最高人民法院关于审理生态环境侵权责任纠纷案件适用法律若干问题的解释》

3. 公司生产不可为"提高利润"，投机取巧投放不合格产品

案例：H 电缆公司生产、销售伪劣产品案

案例简介

李某某为 H 电缆公司总经理。在李某某经营管理 H 电缆公司期间，其明知公司质检部门未实际进行质量检验即出具产品合格证明，仍放任所生产的不合格电缆线出厂销售。该市市场监督管理局执法人员对国网某供电分公司塔前仓库进行执法检查，查扣部分由 H 电缆公司销售的电线电缆。经某检测认证有限公司检测，H 电缆公司生

产、销售的部分电缆线绝缘线芯标志导体直流电阻均超过国家标准要求的最大值，系不合格产品，不合格电缆总价值近 60 万元。

其后，李某某主动至公安机关投案，并如实供述上述犯罪事实。市公安局食药环分局以李某某涉嫌生产、销售伪劣产品罪向检察机关移送起诉。区人民检察院经审查，依法追加 H 电缆公司为犯罪嫌疑单位，并以 H 电缆公司、李某某犯生产、销售伪劣产品罪提起公诉。

人民法院以犯生产、销售伪劣产品罪，判处被告单位 H 电缆公司罚金 30 万元，判处李某某三年有期徒刑，缓刑五年，并处罚金 30 万元。

📝 案例分析

根据《刑法》第一百四十条的规定，生产者、销售者在产品中掺杂、掺假，以假充真，以次充好或者以不合格产品冒充合格产品，销售金额五万元以上不满二十万元的，处二年以下有期徒刑或者拘役，并处或者单处销售金额百分之五十以上二倍以下罚金；销售金额二十万元以上不满五十万元的，处二年以上七年以下有期徒刑，并处销售金额百分之五十以上二倍以下罚金；销售金额五十万元以上不满二百万元的，处七年以上有期徒刑，并处销售金额百分之五十以上二倍以下罚金；销售金额二百万元以上的，处十五年有期徒刑或者无期徒刑，并处销售金额百分之五十以上二倍以下罚金或者没收财产。

在本案中，公司内部质检员工未实际检测产品质量即故意出具产品合格证，且作为公司实际经营者的李某某知情，应认定该公司、李某某对生产、销售伪劣产品具有放任的故意。

涉案伪劣电线电缆导体电阻超出国家标准，会增大电流在线路上通过时的损耗，加剧电线电缆的发热，如果投入使用，会加快包覆电缆线绝缘层老化，且更易引发火灾事故，具有安全隐患，属于《刑法》第一百四十六条规定的不符合安全标准的产品。该产品虽未造成严重后果，但销售金额在五万元以上，根据《刑法》第一百四十九条第一款的规定，以生产、销售伪劣产品罪定罪处罚。

风险提示

假冒伪劣产品商品往往低成本、利润空间大，利润常常高出正常商品好几倍，因此一些企业不惜铤而走险。然而，制售假冒伪劣商品犯罪是经济社会发展的"毒瘤"，不但扰乱了社会主义市场经济秩序，而且损害了消费者合法权益，与经济高质量发展和人民群众对美好生活的向往背道而驰。企业生产务必严格遵守相关法律法规规定，切莫投机取巧，否则必将受到法律的制裁。

🔨 法条链接

《中华人民共和国刑法》第一百四十条、第一百四十六条、第一百四十九条

《最高人民法院、最高人民检察院关于办理生产、销售伪劣商品刑事案件具体应用法律若干问题的解释》第一条、第二条

4. 招投标时要合规，切勿搞"暗箱操作"

案例：陈某某等人串通投标、对非国家工作人员行贿、伪造国家机关印章、伪造公司、事业单位、人民团体印章罪案

📖 案例简介

陈某某、郭某某、李某某共谋以某建筑工程有限公司为依托在 C 市的 J 区、Y 区等地从事串通投标活动。陈某某分别与周某某、潘某等人共谋合作围标项目，以借用、挂靠多家公司参与投标并控制报价的方式组织围标，并将中标项目卖出获利。陈某某、周某某、潘某等人约定由陈某某及其公司相关人员负责制作、审核围标公司所需的投标文书、封标及勾兑评标专家等事宜，周

某某、潘某等人负责联系借用公司参与围标、垫付保证金或保证金利息等事宜。前述参与围标的公司包括S市某建筑工程有限公司等十余家位于四川省成都市、宜宾市、泸州市的公司。其中，陈某某参与围标项目12个，项目中标金额共计7亿余元；郭某某参与围标项目8个，项目中标金额共计5亿余元；李某某参与围标项目11个，项目中标金额共计7亿余元；周某某参与围标项目2个，项目中标金额共计1亿余元；潘某参与围标项目共计2个，项目中标金额共计3亿余元。此外，陈某某为了提高项目中标率，还向评标专家行贿11万元。公安机关在侦办案件的过程中，从某建筑工程有限公司查获了大量印章，发现部分印章由被告人马某某等人伪造。后从马某某处查获伪造的国家机关印章40枚，伪造的公司印章7枚，伪造的事业单位印章14枚，伪造的社会团体印章2枚。

📑 案例分析

《刑法》第二百二十三条规定："投标人相互串通投标报价，损害招标人或者其他投标人利益，情节严重的，处三年以下有期徒刑或者拘役，并处或者单处罚金。投标人与招标人串通投标，损害国家、集体、公民的合法利益的，依照前款的规定处罚。"第二百八十条规定："伪造、变造、买卖或者盗窃、抢夺、毁灭国家机关的公文、证件、印章的，处三年以下有期徒刑、拘役、管制或者剥夺政治权利，并处罚金；情节严重的，处三年以上十年以下有期徒刑，并处罚金。伪造公司、企业、事业单位、人民团体的印章的，处三年以下有期徒刑、拘役、管制或者剥夺政治权利，并处罚金……"

《招标投标法》第五十三条规定："投标人相互串通投标或者与招标人串通投标的，投标人以向招标人或者评标委员会成员行贿的手段谋取中标的，中标无效，处中标项目金额千分之五以上千分之十以下的罚款，对单位直接负责的主管人员和其他直接责任人员处单位罚款数额百分之五以上百分之十以下的罚款；有违法所得的，并处没收违法所得；情节严重的，取消其一年至二年内参加依法必须进行招标的项目的投标资格并予以公告，直至由工商行政管理机关吊销营业执照；构成犯罪的，依法追究刑事责任。给他人造成损失的，依法承担赔偿责任。"《招标投标法实施条例》第六十七条对串通投标相关违法行为的后果，也作了具体规定。本案中，陈某某等人采用借用、挂靠多家公司参与投标并控制报价的方式组织围标，并将中标项目卖出获利，此行为构成串通招投标罪。

风险提示

随着我国经济建设的飞速发展，各企业积极融入新发展格局、投身经济建设。依法参与招投标是企业开展工程建设的重要活动。实践中，个别企业串通投标，除了妨碍公开、公平、公正的招投标秩序以外，往往还附带有伪造印章、公文及贿赂、收买甚至暴力威胁等非法行为；不仅哄抬标价，损害了招标人的投资效益，还使相关领域陷于不健康的竞争环境，败坏社会风气。这些行为的背后，还可能涉及企业间的相互勾结，如统一报价参与围标、中标后出售项目牟利等。参与招投标的相关企业，一定要谨慎操作，依法依规行事，远离相关的经营风险。

法条链接

《中华人民共和国刑法》第二百二十三条、第二百八十条

《中华人民共和国招标投标法》第五十三条

《中华人民共和国招标投标法实施条例》第六十七条

5. 安全事故发生后，负有报告职责的人员应当及时、如实上报

案例：黄某某等人重大责任事故、谎报安全事故案

案例简介

B公司与C公司签订船舶运输合同，委派"天桐1"船舶到A公司码头装载碳九。当班的刘某某、陈小某在执行碳九装船作业中进行违规操作，导致输油软管因两端被绳索固定致下拉长度受限而破裂，约69.1吨碳九泄漏，造成A公司码头附近海域水体、空气等受到污染，周边69名居民身体不适接受治疗。

事故发生后，雷某某到达现场向A公司生产运行部副经理卢某和计量员庄某核实碳九泄漏量，在得知实际泄漏量约有69.1吨的情况后，要求船方隐瞒事故原因和泄漏量。黄某某、雷某某、陈某某等人经商议，决定在对外通报及向相关部门书面报告中谎报事故发生的原因是法兰垫片老化、碳九泄漏量为6.97吨。A公司也未按照海上溢油事故专项应急预案等有关规定启动一级应急响应程序，导致不能及时有效地组织应急处置人员开展事故抢救工作，直接贻误事故抢救时机，进一步扩大事故危害后

果，并造成不良的社会影响。经审计，事故造成直接经济损失约 700 万元。

2019 年 10 月 8 日，人民法院作出判决，对黄某某、雷某某、陈某某认定重大责任事故罪、谎报安全事故罪，对陈小某等人认定重大责任事故罪。

📝 案例分析

根据《安全生产法》第二十一条的规定，生产经营单位的主要负责人对本单位安全生产工作负有下列职责：……（五）组织建立并落实安全风险分级管控和隐患排查治理双重预防工作机制，督促、检查本单位的安全生产工作，及时消除生产安全事故隐患；（六）组织制定并实施本单位的生产安全事故应急救援预案；（七）及时、如实报告生产安全事故。根据《刑法》第一百三十九条之一的规定，在安全事故发生后，负有报告职责的人员不报或者谎报事故情况，贻误事故抢救，情节严重的，处三年以下有期徒刑或者拘役；情节特别严重的，处三年以上七年以下有期徒刑。

生产事故往往触目惊心，令人扼腕，究其根本，是企业安全管理缺位以及侥幸心理作祟。而且生产事故一旦发生，该如何正确面对、妥善处置对企业而言是一大考验。企业首先应谨记，发生安全事故后，必须依照相关法律法规向安全生产监管部门如实进行上报。如果负有报告职责的人员不报或者谎报安全事故，贻误事故抢救的，可能涉嫌不报、谎报安全事故犯罪。

企业家们应牢固树立生命至上、安全第一的生产经营理念，增强红线意识、底线思维，加大日常监管力度，改进安全生产管理工作，完善事故应急机制。一旦安全事故发生，要及时上报，采取有效措施组织救援，以免贻误抢救时机、扩大损失。

风险提示

企业应当对负有报告义务的人员加强法治教育，提高法治意识和责任意识，杜绝不报、谎报的情况发生。

企业应当建立健全安全生产事故的上报机制，避免因不清楚如何上报而导致不报情况的发生。

企业在安全事故发生后，应当积极进行抢救，防止事故扩大，并保护好现场，妥善保留与事故有关的图纸、记录、计算机数据等资料以及其他证据。

法条链接

《中华人民共和国刑法》第一百三十九条之一

《中华人民共和国安全生产法》第二十一条、第五十条、第五十六条、第八十三条

《生产安全事故应急条例》第十七条、第十八条

《生产安全事故报告和调查处理条例》第九条至第十五条

《最高人民法院、最高人民检察院关于办理危害生产安全刑事案件适用法律若干问题的解释》第四条

《最高人民法院、最高人民检察院关于办理危害生产安全刑事案件适用法律若干问题的解释（二）》

6. 贷款授信弄虚作假，公司这样做是"自毁前程"

案例：麻某、姜某某等八人金融票据诈骗、贷款诈骗、行贿案

案例简介

麻某因经营不善，急需资金，听信秦某某等中介人的建议：付给引资人及存款人高额利差，找金融机构协商按引资存款抵押贷款。被告人麻某、姜某某、李某、何某以月息3%至8%的高息引诱中介人四处拉款存入指定银行后，采取伪刻存款户的印章，或在存款户保证书上添加内容假冒存款户同意以存款抵押委托贷款给三朦公司使用的方法，骗取金融机构的贷款。麻某、姜某某为进一步引资

诈骗，成立柳州市三朦工贸有限公司，获得巨额赃款后先后离开三朦公司，并到柳州市城中城市信用合作社将自己制作的部分假委托书取回销毁。麻某、姜某某为继续作案又纠集胡某某、徐某、何某某、周某加入，在麻某的组织、指挥下，姜某某、徐某引诱储户到金融机构开户存款后，利用储户麻痹大意、金融机构工作人员疏忽或向金融机构工作人员行贿等方法获取储户留在金融机构的印鉴卡上的印模，交胡某某找人伪刻印章，用假章伪造储户的转账支票、汇票，由徐某、何某某、何某、周某从金融机构骗转资金到三朦公司控制的账户，来实施票据诈骗。其间，麻某、姜某某、李某、何某、胡某某、徐某、何某某、周某先后从柳州市城中城市信用合作社等四家金融机构骗取贷款 98 起，金额 1 亿元；采用制作假转账支票、汇票的方法，诈骗 20 起，共计诈骗金额 2 亿余元。此外，麻某、姜某某、李某、徐某、何某某、周某还先后分别向8 名金融机构工作人员行贿人民币近 50 万元。

📝 案例分析

《刑法》第一百九十三条规定："有下列情形之一，以非法占有为目的，诈骗银行或者其他金融机构的贷款，数额较大的，处五年以下有期徒刑或者拘役，并处二万元以上二十万元以下罚金；数额巨大或者有其他严重情节的，处五年以上十年以下有期徒刑，并处五万元以上五十万元以下罚金；数额特别巨大或者有其他特别严重情节的，处十年以上有期徒刑或者无期徒刑，并处五万元以上五十万元以下罚金或者没收财产：（一）编造引进资金、项目等虚假理由的；（二）使用虚假的经济合同的；（三）使用虚假的证明文件的；（四）使用虚假的产权证明作担保或者超出抵押物价值重复担保的；（五）以其他方法诈骗贷款的。"

第一百九十四条规定："有下列情形之一，进行金融票据诈骗活动，数额较大的，处五年以下有期徒刑或者拘役，并处二万元以上二十万元以下罚金；数额巨大或者有其他严重情节的，处五年以上十年以下有期徒刑，并处五万元以上五十万元以下罚金；数额特别巨大或者有其他特别严重情节的，处十年以上有期徒刑或者无期徒刑，并处五万元以上五十万元以下罚金或者没收财产：（一）明知是伪造、变造的汇票、本票、支票而使用的；（二）明知是作废的汇票、本票、支票而使用的；（三）冒用他人的汇票、本票、支票的；（四）签发空头支票或者与其预留印鉴不符的支票，骗取财物的；（五）汇票、本票的出票人签发无资金保证的汇票、本票或者在出票时作虚假记载，骗取财物的。使用伪造、变造的委托收款凭证、汇款凭证、银行存单等其他银行结算凭证的，依照前款的规定处罚。"

第一百九十五条规定："有下列情形之一，进行信用证诈骗活动的，处五年以下有期徒刑或者拘役，并处二万元以上二十万元以下罚金；数额巨大或者有其他严重情节的，处五年以上十年以下有期徒刑，并处五万元以上五十万元以下罚金；数额特别巨大或者有其他特别严重情节的，处十年以上有期徒刑或者无期徒刑，并处五万元以上五十万元以下罚金或者没收财产：（一）使用伪造、变造的信用证或者附随的单据、文件的；（二）使用作废的信用证的；（三）骗取信用证的；（四）以其他方法进行信用证诈骗活动的。"

第一百六十四条规定："为谋取不正当利益，给予公司、企业或者其他单位的工作人员以财物，数额较大的，处三年以下有期徒刑或者拘役，并处罚金；数额巨大的，处三年以上十年以下有期徒刑，并处罚金。为谋取不正当商业利益，给予外国公职人员或者国际公共组织官员以财物的，依照前款的规定处罚。单位犯前两款罪的，对单位判处罚金，并对其直接负责的主管人员和其他直接责任人员，依照第一款的规定处罚。行贿人在被追诉前主动交待行贿行为的，可以减轻处罚或者免除处罚。"

第三百八十九条规定："为谋取不正当利益，给予国家工作人员以财物的，是行贿罪。在经济往来中，违反国家规定，给予国家工作人员以财物，数额较大的，或者违反国家规定，给予国家工作人员以各种名义的回扣、手续费的，以行贿论处。因被勒索给予国家工作人员以财物，没有获得不正当利益的，不是行贿。"

第一百七十五条之一规定："以欺骗手段取得银行或者其他金融机构贷款、票据承兑、信用证、保函等，给银行或者其他金融机构造成重大损失的，处三年以下有期徒刑或者拘役，并处或者单处罚金；给银行或者其他金融机构造成特别重大损失或者有其他特别严重情节的，处三年以上七年以下有期徒刑，并处罚金。单位犯前款罪的，对单位判处罚金，并对其直接负责的主管人员和其他直接责任人员，依照前款的规定处罚。"

第一百八十六条规定："银行或者其他金融机构的工作人员违反国家规定发放贷款，数额巨大或者造成重大损失的，处五年以下有期徒刑或者拘役，并处一万元以上十万元以下罚金；数额特别巨大或者造成特别重大损失的，处五年以上有期徒刑，并处二万元以上二十万元以下罚金。银行或者其他金融机构的工作人员违反国家规定，向关系人发放贷款的，依照前款的规定从重处罚。单位犯前两款罪的，对单位判处罚金，并对其直接负责的主管人员和其他直接责任人员，依照前两款的规定处罚。关系人的范围，依照《中华人民共和国商业银行法》和有关金融法规确定。"

本案中，麻某等 8 人先后采用偷盖储户印章、添加虚假的委托贷款内容、伪刻储户的公私章等方法制作假委托书，从柳州市城中城市信用合作社等四家金融机构骗取贷款；麻某等 6 人采用制作假转账支票、汇票的方法，实施票据诈骗。被告人麻某、姜某某、李某、徐某、何某某、周某还先后分别向 8 名金融机构工作人员行贿人民币近 50 万元。麻某等 8 人的行为构成票据诈骗罪、贷款诈骗罪、行贿罪。

风险提示

企业在生产经营过程中难免要与金融系统打交道，有时为了扩大经营，企业会向银行申请贷款。这时，企业应保证提供的证明文件真实、合法、有效，切勿因为想要获得更高的授信额而弄虚作假，这样不仅会影响贷款的审批，还会毁掉企业的大好前景，更为严重的是，企业负责人可能要承担刑事责任。企业也不要因为想加快审批流程而花钱"打招呼""找熟人"，这种行为害人害己。

法条链接

《中华人民共和国刑法》第一百六十四条、第一百七十五条之一、第一百八十六条、第一百九十三条、第一百九十四条、第一百九十五条、第三百八十九条

7. 不良记录及时撤销，公司信誉和价值要靠自身维护

案例：某文化旅游公司、某集团公司与某银行支行等撤销不良贷款记录纠纷案

案例简介

2013 年 12 月 12 日，某文化旅游公司与某银行支行签订《房地产借款合同》，向该行借款 3 亿元，借款期限为 3 年。某文化旅游公司、某集团公司为上述借款提供担保。2016 年 12 月 15 日，某银行支行与某文化旅游公司、某集团公司签订《借款合同要素变更协议》，分别延长原借款合同项下分次提款的借据对应的借款期限。其中，有共计 1 亿元借款的期限延长至 2018 年 5 月 31 日。2018 年 4 月，案涉贷款被降低信用评级，在中国人民银行征信中心被归为不良贷款。某文化旅游公司、某集团公司起诉请求判令某银行分行立即删除某文化旅游公司、某集团公司在中国人民银行征信中心的不良贷款记录。该诉讼请求一审被驳回。青岛市中级人民法院二审认为，某银行支行对某文化旅游公司贷款信用等级的调整负有严格审查义务，某银行支行未能证明将某文化旅游公司的正常贷款认定为

不良贷款的合法性，将其上传至中国人民银行征信系统，在对企业商业信誉造成不良后果的情况下，实施了调整信用等级的行为，致使金融系统对某文化旅游公司、某集团公司的公众评价降低，给企业形象造成了影响。因此，某银行支行的行为构成对某文化旅游公司、某集团公司名誉权的侵犯，故某文化旅游公司、某集团公司要求撤销其在某银行以及在中国人民银行征信中心的不良贷款记录的诉讼请求理由成立，予以支持。

案例分析

《民法典》第一千零二十四条规定："民事主体享有名誉权。任何组织或者个人不得以侮辱、诽谤等方式侵害他人的名誉权。名誉是对民事主体的品德、声望、才能、信用等的社会评价。"

本案争议的焦点为：一、某银行支行将涉案贷款认定为不良信贷资产是否合法；二、将涉案贷款作为不良信贷上传至中国人民银行征信系统，是否侵害了公司的名誉权。

某银行支行认定涉案债权系不良前提是涉案贷款属于次级、可疑、损失类贷款。本案中，某银行支行主张依据涉案借款存在欠息、抵押物及账户被查封事实，其综合评定涉案贷款预期损失率在10%至20%之间，认定是不良信贷资产。某银行支行提交的证据不足以证明其在2018年4月20日将涉案贷款调整为"次级"合法有据，将认定该贷款为不良信贷资产，报送至中国人民银行征信系统证据不足。

名誉权是公民或法人所获得的社会评价及所享有的不受他人侵权的权利。信用是反映公民、法人或其他组织社会信赖程度的一种人格权利体现，负面的信用记载会对被记载主体信用的社会评价形成贬损，从而增加其从事市场交易的阻力。某银行支行对贷款信用等级的调整负有严格的审查义务，其未提交证据证明将某文化旅游公司、某集团公司的贷款认定为不良贷款的合法性。在对某文化旅游公司、某集团公司的企业商业信誉造成不良后果的情况下，某银行支行实施了调整信用等级的行为，给企业形象造成了影响。

🖹 风险提示

企业名誉是企业的无形财富，而不良贷款记录和信用等级与企业的名誉息息相关。本案中，某文化旅游公司、某集团公司相关的贷款，某银行支行在尚无充分证据的情况下，被某银行支行认定为不良信贷资产，影响到了企业的名誉。银行作为信用信息提供者，对企业信用信息的调整负有严格的审查义务，在信用评价不当的情况下，应及时对错误的信用信息进行更正，确保信用评价体系能够更加精准地反映企业的信用状况，维护企业信誉和品牌价值。作为企业，名誉是自身的无形资产和无形财富，也是企业应当管理好的部分，品牌和形象往往会影响到企业资产的保值和增值。因此，在遇到类似名誉权受到影响的情况下，企业一定要收集好相关证据，积极维护自身的合法权益。

法条链接

《中华人民共和国民法典》第一千零二十四条

8. 以更换公司名称等方式逃避执行义务行不通

案例：上海甲建筑装饰有限公司、吕某
拒不执行判决立案监督案

案例简介

甲公司、乙公司因合同履行纠纷诉至法院，法院判决甲公司支付乙公司人民币400万元。后乙公司向人民法院申请执行，但因被执行人甲公司经营地不明，无可供执行的财产，经乙公司确认并同意后，于2018年2月27日裁定终结本次执行程序。2018年5月9日，人民法院恢复执

行程序，组织乙公司、甲公司达成执行和解协议，但甲公司经多次催讨仍拒绝履行协议。乙公司以甲公司拒不执行判决为由，向某公安分局报案。

经查，甲公司在诉讼期间更名并变更法定代表人，导致法院在执行阶段无法查找到甲公司资产，并裁定终结本次执行程序。并且在执行同期，甲公司舍弃电子支付、银行转账等便捷方式，要求丙集团以银行汇票形式向其结算并支付大量款项，该款未进入甲公司账户，但实际用于甲公司日常经营活动，其目的就是利用汇票背书形式规避法院的执行。

2019年8月11日，公安分局决定对甲公司以涉嫌拒不执行判决罪立案侦查，随后，甲公司向乙公司支付了全部执行款项人民币400万元。案件移送起诉后，经依法告知诉讼权利和认罪认罚的法律规定，甲公司和甲公司实际经营人吕某自愿认罪认罚。

2019年12月10日，人民法院判决甲公司、吕某犯拒不执行判决罪，对甲公司判处罚金人民币15万元，对吕某判处有期徒刑十个月、缓刑一年。

案例分析

根据《刑法》第三百一十三条的规定，对人民法院的判决、裁定有能力执行而拒不执行，情节严重的，处三年以下有期徒刑、拘役或者罚金；情节特别严重的，处三年以上七年以下有期徒刑，并处罚金。单位犯前款罪的，对单位判处罚金，并对其直接负责的主管人员和其他直接责任人员，依照前款的规定处罚。

人民法院作出的生效法律文书具有国家强制性，任何单位和个人必须无条件履行生效法律文书确定的义务。如果当事人对裁判结果有异议可以申诉，但在申诉期间执行法官并不停止执行。

负有执行义务的单位和个人有能力执行而故意以更改企业名称、隐瞒到期收入等方式，隐藏、转移财产，致使判决、裁定无法执行的，应当认定为《刑法》第三百一十三条规定的"有能力执行而拒不执行，情节严重"的情形，以拒不执行判决、裁定罪予以追诉。而本案中，甲公司存在隐藏、转移财产，致使法院生效判决无法执行的行为，符合《刑法》第三百一十三条规定的"有能力执行而拒不执行，情节严重"的情形。

在单位为被执行人的情况下，存在对单位难以惩戒的问题，因此对其法定代表人、实际控制人等采取强制措施是执行工作强制性的重要体现。根据现行法律和司法解释的规定，人民法院主要通过以下几个方面对被执行人的实际控制人进行惩戒。

一是依法限制消费。

二是采取财产调查相关强制执行措施。

三是依法适用拘留、罚款。

四是依法采取限制出境措施。

五是严厉打击拒执犯罪。

风险提示

执行人民法院依法作出并已发生法律效力的判决、裁定，是被执行人的法定义务。单位和个人一样，都可以成为拒不执行判决、裁定犯罪的主体。负有执行义务的单位和个人以更换企业名称、隐瞒到期收入等方式妨害执行，致使已经发生法律效力的判决、裁定无法执行，情节严重的，应当以拒不执行判决、裁定罪予以追诉。

企业应当合法、诚信经营，维护自身信誉及品牌形象，向"老赖"说不！

法条链接

《中华人民共和国刑法》第三百一十三条

《最高人民法院关于审理拒不执行判决、裁定刑事案件适用法律若干问题的解释》

《全国人民代表大会常务委员会关于〈中华人民共和国刑法〉第三百一十三条的解释》

三、劳动用工合规

1. 公司不应在工资发放问题上"动脑筋",恶意欠薪构成犯罪

案例:陈某某拒不支付劳动报酬案

案例简介

陈某某出资设立重庆某针织公司,从事针织品加工销售业务。截至 2011 年 6 月,重庆某针织公司累计拖欠袁某某等 73 名职工工资约 15 万元。公司法定代表人陈某某逃避支付工人工资。同年 8 月 10 日,人力资源和社会保障局对陈某某下达了限期支付拖欠职工工资告知书,陈某某未予理会。2011 年 9 月,袁某某等 65 人依法向人民法院提起诉讼。人民法院依法判决,由重庆某针织公司支付袁某某等 65 人工资合计 124311 元。

由于重庆某针织公司未在规定时间内履行义务,袁某某等 65 人依法申请强制执行。人民法院受理执行后,查

封了重庆某针织公司遗留在租用场地内的机器设备，但因机器设备陈旧，无人竞买，申请执行人也不同意以该设备抵偿债务。其间，陈某某始终未露面。

2014 年 1 月，人民法院将案件移送公安机关追究陈某某的刑事责任。刑事拘留期间，陈某某通过家人向袁某某等 65 人支付了所欠的全部工资 124311 元。

2014 年 11 月，人民检察院向法院提起公诉。在案件审理过程中，陈某某将没有到法院起诉的另外 8 名职工的 19313 元劳动报酬也支付完毕。考虑到陈某某有认罪悔罪的实际行动，人民法院于 2015 年 1 月以拒不支付劳动报酬罪从轻判处陈某某有期徒刑三年，缓刑三年，并处罚金人民币 10000 元。

案例分析

根据《刑法》第二百七十六条之一的规定，以转移财产、逃匿等方法逃避支付劳动者的劳动报酬或者有能力支付而不支付劳动者的劳动报酬，数额较大，经政府有关部门责令支付仍不支付的，处三年以下有期徒刑或者拘役，并处或者单处罚金；造成严重后果的，处三年以上七年以下有期徒刑，并处罚金。单位犯前款罪的，对单位判处罚金，并对其直接负责的主管人员和其他直接责任人员，依照前款的规定处罚。有前两款行为，尚未造成严重后果，在提起公诉前支付劳动者的劳动报酬，并依法承担相应赔偿责任的，可以减轻或者免除处罚。

公司拒不支付劳动报酬的行为不但损害了职工的利益，也将会对公司和直接负责人带来严厉惩戒。企业在人资管理上应注重平时的劳动合规管理，而不应在工资发放问题上"动脑筋"。

实践中，企业家应注意，因拒不支付劳动报酬而被指控触犯刑法，拖欠劳动者工资并不意味着只是普通的民事纠纷，若达到一定的条件是涉嫌刑事犯罪的，且当公司作为本罪的犯罪主体时，该公司的法定代表人或其他直接负责人均将被以同样的罪名指控，受到刑事制裁。

政府部门，如当地的社保部门在接到劳动者举报后通常会直接向该拖欠工资的公司下达限期支付的指令书。这是第一次行政部门的催告，亦是构成本罪的前置程序，如不引以重视对企业或企业家来说将导致更为严重的后果，不仅受到刑事制裁，还可能被当地政府部门列入"黑名单"。

风险提示

当公司与劳动者就拖欠劳动报酬发生纠纷时，企业应及时通过一个有效的平台与劳动者沟通处理，以免事件走向刑事诉讼程序。企业经营发生困难，应当及时向劳动者说明，并与劳动者协商延期支付或者分期支付方式。当员工向劳动监察部门投诉工资未发放时，企业应积极配合劳动监察部门处理，不应不予理睬、拒不配合。

法条链接

《中华人民共和国刑法》第二百七十六条之一

《最高人民法院关于审理拒不支付劳动报酬刑事案件适用法律若干问题的解释》第一条、第二条、第三条

2. 公司招聘时，应认真对员工个人信息进行背景调查

案例：赵某与某网络公司劳动合同纠纷案

案例简介

某网络公司发布招聘启事，拟招聘计算机工程专业大学本科以上学历的网络技术人员1名。赵某为销售专业大专学历，但其向该网络公司提交了自己的计算机工程专业大学本科学历证书、个人履历等材料。后赵某通过面试并与网络公司签订了劳动合同，进入该网络公司从事网络技

术工作。此后网络公司偶然获悉赵某的实际学历为大专，并向赵某询问。赵某承认自己为应聘而提供虚假学历证书、个人履历的事实。网络公司认为，赵某提供虚假学历证书、个人履历属欺诈行为，严重违背诚实信用原则，根据《劳动合同法》第二十六条、第三十九条规定，解除了与赵某的劳动合同。赵某不服，向劳动人事争议仲裁委员会申请仲裁。

案例分析

《劳动合同法》第二十六条规定："下列劳动合同无效或者部分无效：（一）以欺诈、胁迫的手段或者乘人之危，使对方在违背真实意思的情况下订立或者变更劳动合同的……"本案中，赵某提供虚假学历证书、个人履历是否必然导致劳动合同无效？由于"计算机工程专业""大学本科学历"等情况与网络公司招聘的网络技术人员岗位职责、工作完成效果有密切关联性，赵某在应聘时却故意提供虚假学历证书、个人履历，致使网络公司在不知道赵某真实学历的情况下与其签订了劳动合同。赵某明知自己造假，具有主观恶意，应认定为欺诈，网络公司基于此欺诈行为作出招录赵某的决定也不应视为真实的意思表示，双方签订的劳动合同自始无效。

但需要注意的是，劳动者在入职时填写的简历与劳动者个人实际情况或公司背景调查结果不符并不必然构成欺诈。根据《民法典》第七条规定："民事主体从事民事活动，应当遵循诚信原则，秉持诚实，恪守承诺。"判断其是否构成欺诈首先要看劳动者是否属于故意隐瞒或造假，如果劳动者伪造工作经历证明，或者故意编造一段子虚乌有的工作经历，一般属于欺诈；而有的劳动者在填写入职申请表时，遗漏了一些并不重要的工作经历，则未必可以认定为欺诈。其次，要看简历瑕疵是否给用人单位录用带来实质性的影响。最后，要看录用时用人单位是否对简历进行过审查。

综上所述，在劳动者求职与用人单位招聘时，双方都应当按照《劳动合同法》第三条第一款的规定，遵循合法、公平、平等自愿、协商一致、诚实信用的原则。

风险提示

用人单位在进行人员招聘时进行必要的背景调查有助于保证人才的真实性和可用性，降低企业用人风险。用人单位应注意在进行背景调查的同时保护劳动者的利益和合理信赖。实践中，受主观及客观因素影响，不同主体对相关事实的理解或认识可能会出现差异。因此，在劳动合同订立、履行过程中，用人单位与劳动者应当尽量友好沟通、明确意图、善意履约，以消除双方对某些事实的认识偏差，避免由此产生争议，从而推动劳动关系的和谐、良性发展。

🔊 **法条链接**

《中华人民共和国民法典》第七条

《中华人民共和国劳动合同法》第三条、第二十六条、第三十九条

3. 建立合理的预防和投诉机制，杜绝职场性骚扰

案例：郑某诉某自动化控制（中国）有限公司劳动合同纠纷案

📖 **案例简介**

　　郑某因认为下属女职工任某与郑某上级邓某（已婚）之间的关系有点僵，为"疏解"二人关系而找任某谈话。谈话中，任某强调邓某是在对其进行性骚扰，邓某要求与任某发展男女关系，并在任某拒绝后继续骚扰。郑某责怪任某不搭理邓某，替邓某来对其进行"敲打"。郑某表示："你如果这样干工作的话，让我很难过""你越端着，他越觉得我要把你怎么样""他这么直接，要是我的话，先靠近你，摸摸看，然后聊聊天"。后郑某以任某不合群

等为由向公司人事部提出与任某解除劳动合同，但未能说明解除任某劳动合同的合理依据。人事部为此找任某了解情况。任某告知人事部其被间接上级邓某骚扰，郑某有意无意撮合其和邓某，其因拒绝骚扰行为而受到打击报复。公司对郑某进行调查，并制作了调查笔录。后公司出具单方面劳动关系解除函，以郑某未尽经理职责，在下属反映遭受间接上级骚扰后没有采取任何措施帮助下属不再继续遭受骚扰，反而对下属进行打击报复，在调查过程中就上述事实做虚假陈述为由，与郑某解除劳动合同。郑某申请仲裁，要求公司支付违法解除劳动合同赔偿金，未得到支持。郑某遂诉至法院。一审法院驳回郑某的诉讼请求。郑某提起上诉。二审驳回上诉，维持原判。

📖 案例分析

《民法典》第一千零一十条规定："违背他人意愿，以言语、文字、图像、肢体行为等方式对他人实施性骚扰的，受害人有权依法请求行为人承担民事责任。机关、企业、学校等单位应当采取合理的预防、受理投诉、调查处置等措施，防止和制止利用职权、从属关系等实施性骚扰。"本案中，该公司建立有工作场所性骚扰防范培训机制，郑某亦接受过相关培训，理应按照要求在下属向经理、主管等管理人员提出担忧或问题时及时帮助解决，但是郑某不仅没有及时处理女员工反映的问题，反而利用职务之便助长公司中上司对下属的性骚扰行为，并且在员工进行反抗后对其进行打击报复，其行为显然有悖其作为部门主管应尽之职责，且有悖于职业道德与基本劳动素养，严重违反了《劳动法》第三条第二款所规定的劳动纪律与职业道德与《妇女权益保障法》第二十三条第一款"禁止违背妇女意愿，以言语、文字、图像、肢体行为等方式对其实施性骚扰"的规定，或可认定其严重失职。用人单位的管理人员对被性骚扰员工的投诉，应采取合理措施进行处置。管理人员未采取合理措施或者存在纵容性骚扰行为、干扰对性骚扰行为调查等情形，用人单位以管理人员未尽岗位职责，严重违反规章制度为由解除劳动合同，符合《劳动法》第二十五条第二项、第三项与《劳动合同法》第三十九条第二项、第三项所规定的"严重违反用人单位的规章制度的"与"严重失职，营私舞弊，给用人单位造成重大损害的"的情形，所以如果管理人员主张解除劳动合同的行为违法，人民法院将不予支持。

风险提示

　　职场性骚扰不仅仅是上级对下级，同事之间；同级之间，员工与客户之间等发生在工作场合或者延展的商务中的肢体骚扰、言语骚扰、非语言骚扰（如身体或手的动作具有性暗示，展示与性有关的物件等）等都构成性骚扰，这类行为违反公序良俗，败坏道德风气，违背职业道德。用人单位可在依法制定的单位规章制度或员工守则中将上述行为列为严重违纪，并予以严厉处罚。

近年来，"职场性骚扰"逐渐成为备受关注的敏感话题与焦点领域，这不外乎是因为在公司中，"性骚扰"事件不仅会对受害者本身造成生理及心理方面的影响，损害受害者权益，更会给公司带来不可忽视的负面影响，最常见的如舆论抨击、投资中断等；公司在关注自身发展的同时切不可忽视职场文化的建设。无论从哪个方面考虑，公司都应对此提起足够的重视，建立合理的预防和投诉机制，规避性骚扰事件的发生，从源头预防公司内部滋生出这种"有毒"的文化。

📌 法条链接

《中华人民共和国民法典》第一千零一十条
《中华人民共和国劳动法》第三条、第二十五条
《中华人民共和国劳动合同法》第三十九条
《中华人民共和国妇女权益保障法》第二十三条

4. 公司要妥善处理离职员工年终奖发放问题，避免纠纷

案例：房某诉某大都会人寿保险
有限公司劳动合同纠纷案

案例简介

　　房某于 2011 年 1 月至某大都会人寿保险有限公司（以下简称大都会公司）工作，双方之间签订的最后一份劳动合同有效日期为 2015 年 7 月 1 日至 2017 年 6 月 30 日，约定房某担任战略部高级经理一职。2017 年 10 月，大都会公司对公司内部组织架构进行调整，决定撤销战略部，房某所任职的岗位因此被取消。2017 年 12 月 29 日，大都会公司以客观情况发生重大变化、双方未能就变更劳动合同协商达成一致为由，向房某发出解除劳动合同通知书。房某对解除决定不服，经劳动仲裁程序后起诉诉求 2017 年度奖金等。大都会公司《员工手册》规定：年终奖金根据公司政策，按公司业绩、员工表现计发，前提是该员工在当年度 10 月 1 日前已入职，若员工在奖金发放月或之前离职则不能享有。据查，大都会公司每年度年终奖会在次年 3 月左右发放。

一审法院认为，大都会公司的《员工手册》明确规定了奖金发放情形，房某在大都会公司发放 2017 年度奖金之前已经离职，不符合奖金发放情形，故对房某要求 2017 年度奖金之请求不予支持。房某上诉，二审法院改判：对房某诉大都会公司支付 2017 年度年终奖的诉求，应予支持。

📝 案例分析

《劳动合同法》第四十八条规定："用人单位违反本法规定解除或者终止劳动合同，劳动者要求继续履行劳动合同的，用人单位应当继续履行；劳动者不要求继续履行劳动合同或者劳动合同已经不能继续履行的，用人单位应当依照本法第八十七条规定支付赔偿金。"第八十七条规定："用人单位违反本法规定解除或者终止劳动合同的，应当依照本法第四十七条规定的经济补偿标准的二倍向劳动者支付赔偿金。"本案中，大都会公司对其组织架构进行调整，双方未能就劳动合同的变更达成一致，导致与房某的劳动合同被解除。《最高人民法院关于审理劳动争议案件适用法律问题的解释（一）》第四十四条规定："因用人单位作出的开除、除名、辞退、解除劳动合同、减少劳动报酬、计算劳动者工作年限等决定而发生的劳动争议，用人单位负举证责任。"由于房某

2017年度已在大都会公司工作满一年，但大都会公司未能举证房某2017年度的工作业绩、表现等方面不符合规定，则可以认定房某在该年度为大都会公司付出了一整年的劳动且正常履行了职责，为大都会公司作出了应有的贡献。基于上述理由，大都会公司关于房某在年终奖发放月之前已离职而不能享有该笔奖金的主张缺乏合理性。故对房某诉大都会公司支付2017年度年终奖的诉求，应予支持。

风险提示

年终奖本质上是对员工一年来当年所付出劳动的奖励，我国现行法律法规中并没有规定年终奖应如何发放，用人单位有权根据本单位的经营状况、员工的业绩表现等，自主确定是否发放奖金、发放条件及发放标准；即便如此，用人单位制定的发放规则仍应遵循公平合理原则，对于在年终奖发放之前已经离职的劳动者可否获得年终奖这一问题，主要还是要看双方签订的劳动合同中是否有相关约定，并结合劳动者离职的原因、时间、工作表现和对单位的贡献程度等多方面因素综合考量，最大限度地兼顾效率与公平，避免企业与员工双方因此产生纠纷。

法条链接

《中华人民共和国劳动合同法》第四十八条、第八十七条

《最高人民法院关于审理劳动争议案件适用法律问题的解释（一）》第四十四条

5. 要保护商业秘密，公司与劳动者竞业限制协议须签得有效

案例：马某诉北京某信息技术有限公司竞业限制纠纷案

案例简介

2014年2月，北京某信息技术有限公司（以下简称某信息技术公司，甲方）与其高级总监马某（乙方）签订《不竞争协议》，该协议第3.3款约定："竞业限制期限从乙方离职之日开始计算，最长不超过12个月，具体的月数根据甲方向乙方实际支付的竞业限制补偿费计算得出。但如因履行本协议发生争议而提起仲裁或诉讼时，则上述竞业限制期限应将仲裁和诉讼的审理的时间扣除；即乙方应履行竞业限制义务的期限，在扣除仲裁和诉讼审理

的期限后，不应短于上述约定的竞业限制月数。"

2017年2月28日劳动合同到期，双方劳动关系终止。2017年3月24日，某信息技术公司向马某发出关于要求履行竞业限制义务和领取竞业限制经济补偿费的告知函，要求其遵守《不竞争协议》，全面并适当履行竞业限制义务。马某自某信息技术公司离职后，于2017年3月中旬与新公司开展合作关系，后于2017年4月底离开新公司，违反了《不竞争协议》。经过劳动仲裁，马某向法院提起诉讼。2018年3月15日，法院一审判决：一、马某向某信息技术公司双倍返还2017年3月、4月竞业限制补偿金共计18万元；二、确认马某无须继续履行对某信息技术公司的竞业限制义务。某信息技术公司不服一审判决，提起上诉。二审法院驳回上诉，维持原判。

案例分析

竞业限制是指限制劳动者到与用人单位生产或者经营同类产品、从事同类业务的有竞争关系的其他用人单位，或者自己开业生产或者经营同类产品、从事同类业务。《劳动合同法》第二十三条的规定："用人单位与劳动者可以在劳动合同中约定保守用人单位的商业秘密和与知识产权相关的保密事项。对负有保密义务的劳动者，用人单位可以在劳动合同或者保密协议中与劳动者约定竞业限制条款，并约定在解除或者终止劳动合同后，在竞业限制期限内按月给予劳动者经济补偿。劳动者违反竞业限制约定的，应当按照约定向用人单位支付违约金。"

本案中，某信息技术公司在《不竞争协议》第 3.3 款约定马某的竞业限制期限应扣除仲裁和诉讼的审理期限，该约定实际上要求马某履行竞业限制义务的期限为：仲裁和诉讼程序的审理期限+实际支付竞业限制补偿金的月数（最长不超过 12 个月）。从劳动者择业权自由的角度来看，虽然法律对于仲裁及诉讼程序的审理期限均有法定限制，但就具体案件而言该期限并非具体确定的期间，所以如果将该期间作为竞业限制期限的约定内容，不符合竞业限制条款的制定意义。

本案中《不竞争协议》第 3.3 款中关于竞业限制期限应将仲裁和诉讼的审理期限扣除的约定，即"但如因履行本协议发生争议而提起仲裁或诉讼时……乙方应履行竞业限制义务的期限，在扣除仲裁和诉讼审理的期限后，不应短于上述约定的竞业限制月数"的部分，属于《劳动合同法》第二十六条第一款第二项规定的"用人单位免除自己的法定责任、排除劳动者权利的"情形，应属无效。而根据该法第二十七条规定，劳动合同部分无效，不影响其他部分效力的，其他部分仍然有效。所以才有了法院的上述判决，马某双倍返还竞业限制赔偿金但不必再履行竞业限制义务。

风险提示

创设竞业限制制度的目的，在于保护用人单位的商业秘密和与知识产权相关的秘密，同时亦对该种保护设置一定条件的限制，以平衡劳动者的就业权和劳动权。所以，企业在与劳动者约定竞业限制时，应当单独签订竞业限制协议，同时签订保密协议，并约定好竞业限制的行业与地域。如此才能保证企业与劳动者签订的《竞业限制协议》是有法律效力的。

法条链接

《中华人民共和国劳动合同法》第二十三条、第二十四条、第二十六条

6. 公司招聘时，要杜绝地域歧视

案例：闫某诉浙江某度假村有限公司
平等就业权纠纷案

案例简介

2019 年 7 月，浙江某度假村有限公司（以下简称某度假村公司）通过某招聘平台向社会发布了一批公司人

员招聘信息，其中包含有"法务专员""董事长助理"两个岗位。2019 年 7 月 3 日，闫某通过某招聘手机客户端向某度假村公司发布的前述两个岗位分别投递了求职简历。闫某投递的求职简历中，包含有姓名、性别、出生年月、户口所在地、现居住城市等个人基本信息，其中户口所在地填写为"某省某市"，现居住城市填写为"浙江杭州西湖区"。闫某投递的前述"董事长助理"岗位求职简历在 2019 年 7 月 4 日 14 点 28 分被查看，28 分时给出岗位不合适的结论，"不合适原因：某地人"；"法务专员"岗位求职简历在同日 14 点 28 分被查看，29 分时给出岗位不合适的结论，"不合适原因：某地人"。闫某向杭州互联网法院提起诉讼，请求判令某度假村公司赔礼道歉、支付精神抚慰金以及承担诉讼相关费用。

杭州互联网法院于 2019 年 11 月作出民事判决，被告某度假村公司赔偿原告闫某精神抚慰金及合理维权费用损失共计 10000 元并向原告闫某进行口头道歉并在当年的《法制日报》① 公开登报赔礼道歉。

📝 案例分析

根据《劳动法》第十二条规定："劳动者就业，不因

——————
① 2020 年 8 月更名为《法治日报》。

民族、种族、性别、宗教信仰不同而受歧视。"本案中令
闫某气愤不已的关键问题就在于某度假村公司对她存在了
地域歧视。个人的出生地是自己无法选择的"先天因
素",而该公司因为闫某的出生地问题拒绝其求职,将与
工作的"内在要求"没有任何关联性的"先天因素"作为
就业标准来区别对待,这就违背了公平正义的一般原则,
侵害了闫某作为劳动者的平等就业权。

《就业促进法》第三条规定了平等就业权是劳动者依
法享有的一项基本权利,企业进行地域歧视,对自身的影
响将十分恶劣,劳动者可以根据《就业促进法》第六十二
条与第六十八条的规定,向人民法院提起诉讼,依法追
责,如本案中法院判决的登报道歉等,而企业一旦进行了
一次地域歧视,就会影响到后续新员工的招聘,求职者
"敬而远之",必然影响企业未来的发展,对企业自身百
害而无一利。

🖊 风险提示

用人单位在招用人员时,基于地域、性别等与工作内
在要求无必然联系的因素,对劳动者进行无正当理由的差
别对待的,构成就业歧视,劳动者以平等就业权受到侵害
请求用人单位承担相应法律责任的,人民法院是予以支
持的。

法条链接

《中华人民共和国劳动法》第十二条

《中华人民共和国就业促进法》第三条、第二十六条、第六十二条、第六十八条

7. 被"炒鱿鱼"的员工不服？公司解聘应有理有据

案例：孙某诉某人力资源开发有限公司劳动合同纠纷案

案例简介

孙某根据某人力资源开发有限公司（以下简称某人力资源公司）安排，负责江苏省灌南县堆沟港镇区域的顺丰快递收派邮件工作。2017年10月30日，某人力资源公司出具解除劳动合同通知书，载明孙某在未履行请假手续也未经任何领导批准情况下，自2017年10月20日起无故旷工3天以上，依据国家的相关法律法规及单位规章制度，经单位研究决定自2017年10月20日起与孙某解除劳动关系。之后，孙某向江苏省灌南县劳动人事争议仲裁委员会申请仲裁，仲裁裁决后孙某不服，遂诉至法院，

要求某人力资源公司支付违法解除劳动合同赔偿金。

　　某人力资源公司在案件审理过程中提出，孙某在职期间存在多项违纪行为，严重违反用人单位规章制度；自2017年10月20日起，孙某在未履行请假手续且未经批准的情况下无故旷工多日，依法自2017年10月20日起与孙某解除劳动关系，该行为符合法律规定。

　　某人力资源公司以孙某无故旷工达3天以上为由解除劳动合同，应对孙某无故旷工达3天以上的事实承担举证证明责任。但某人力资源公司仅提供了本单位出具的员工考勤表为证，该考勤表未经孙某签字确认，孙某对此亦不予认可，认为是单位领导安排停工并提供刷卡失败视频为证。因孙某在工作期间被安排停工，某人力资源公司之后是否通知孙某到公司报到、如何通知、通知时间等事实，某人力资源公司均没有提供证据加以证明，其以孙某旷工违反公司规章制度为由解除劳动合同，缺少事实依据，属于违法解除劳动合同。

　　江苏省灌南县人民法院判决某人力资源公司支付孙某经济赔偿金。某人力资源公司不服，提起上诉。江苏省连云港市中级人民法院驳回上诉，维持原判。

案例分析

　　《最高人民法院关于审理劳动争议案件适用法律问题

的解释（一）》第四十四条规定："因用人单位作出的开除、除名、辞退、解除劳动合同、减少劳动报酬、计算劳动者工作年限等决定而发生的劳动争议，用人单位负举证责任。"某人力资源公司向孙某送达的解除劳动合同通知书明确载明解除劳动合同的事由为孙某无故旷工3天以上，孙某诉请法院审查的内容也是某人力资源公司以其无故旷工3天以上而解除劳动合同行为的合法性，但从上述案情中可以得知，某人力资源公司对于孙某无故旷工的举证并不充分，导致事实不清。

我国法律对于用人单位的单方解除，强调非经法定情形不得解除的原则。《劳动合同法》第三十六条规定："用人单位与劳动者协商一致，可以解除劳动合同。"第三十七条规定："劳动者提前三十日以书面形式通知用人单位，可以解除劳动合同。劳动者在试用期内提前三日通知用人单位，可以解除劳动合同。"所以某人力资源公司在证据不足的情况下单方面解除与孙某的劳动合同属于违法解除。

风险提示

我国法律对于用人单位的单方解除，强调非经法定情形不得解除的原则。用人单位行使单方即时解除权，应当举证证明其行为解除符合法定的理由，并应当事先将理由通知工会。如果已经涉及起诉，人民法院在判断用人单位单方解除劳动合同行为的合法性时，会以用人单位向劳动者发出的解除通知的内容为认定依据。在法院审理过程中，如果用人单位有超出解除劳动合同通知中载明的依据及事由，需要另行提出劳动者在履行劳动合同期间存在其他严重违反用人单位规章制度的情形的证据，并据此主张该情形符合解除劳动合同的条件，否则人民法院将不予支持。

法条链接

《中华人民共和国劳动合同法》第三十六条、第三十七条

《最高人民法院关于审理劳动争议案件适用法律问题的解释（一）》第四十四条

四、财务税收合规

1. 票据质押应记载"质押"字样，公司交易时须细心审查

案例：富某公司诉中南某公司票据付款请求权案

案例简介

2018 年 1 月 9 日，富某公司、中某公司签订编号借款合同一份，主要约定中某公司向富某公司借款 1500 万元，借款期限自 2018 年 1 月 23 日起至 2018 年 7 月 21 日止。同日，富某公司、中某公司签订质押合同一份，主要约定：中某公司为上述借款合同提供财产质押，质押物为上述案涉汇票。同日，中某公司出具汇票背书转让确认函，确认根据上述质押合同中某公司已将案涉汇票质押给富某公司，为保障富某公司的权益以及便于还款操作，确认将上述案涉汇票直接背书转让给富某公司。

2018 年 1 月 23 日，富某公司向中某公司发放贷款

1500 万元。该 1500 万元的电子商业承兑汇票，出票日期为 2018 年 1 月 23 日，汇票到期日为 2018 年 7 月 21 日，票据状态提示付款已拒付，票据金额 1500 万元，付款人名称中南某公司、收款人名称中某公司，中某公司将案涉票据背书给富某公司，背书日期 2018 年 1 月 26 日。富某公司提示付款拒绝签收，拒付理由为商业承兑汇票承兑人账户余额不足，拒付日期 2019 年 10 月 18 日。中南某公司认为，富某公司自中某公司取得的案涉票据并未给付对价，中某公司自中南某公司取得案涉票据亦未支付对价，各方也无赠与票据的意思表示，中南某公司签发案涉票据的意图是为中某公司向富某公司的贷款作担保。富某公司不能依法取得案涉票据的票据权利，中南某公司作为出票人无须向富某公司履行票据义务。

案例分析

《票据法》第十条规定："票据的签发、取得和转让，应当遵循诚实信用的原则，具有真实的交易关系和债权债务关系。票据的取得，必须给付对价，即应当给付票据双方当事人认可的相对应的代价。"《票据法》第五十四条规定："持票人依照前条规定提示付款的，付款人必须在当日足额付款。"

本案中，中某公司向富某公司借款 1500 万元，并签订质押合同，将汇票质押给富某公司。中某公司到期未归还富某公司钱款，于是富某公司请求中南某公司履行汇票支付义务，支付汇票金额 1500 万元。但法院对富某公司请求未予以支持，主要有以下原因。

第一，依据票据法相关规定，票据的转让和取得，应当遵循诚实信用的原则，具有真实的交易关系和债权债务关系，票据的取得必须给付对价。本案中，中某公司向富某公司借款 1500 万，签订了质押合同将案涉票据背书转让给了富某公司，但未依据票据法规定在票据上记载有关质押信息。富某公司以最后持票人身份直接主张付款请求权与各方真实交易关系相悖。第二，因中某公司借款到期未还，富某公司已经诉至深圳市福田区人民法院，相应债权由法院生效文书确认，并进入执行阶段，富某公司无权另行以背书持票人身份单独行使票据付款请求权。第三，如富某公司的票据付款请求权主张成立，将直接导致富某公司形成不依附于借款合同的独立债权，进而使得富某公司同时享有对中某公司借款债权和对中南某公司的票据付款请求权，两项权利并存将产生富某公司出借款项后得到双重受偿的可能，损害相关主体合法权益和票据管理秩序。综上，富某公司提出的诉讼请求与现有票据法规定的票据付款请求权的相关规定不符，法院依法不予支持。

风险提示

一般情况下的票据付款请求权的行使仅需通过形式审查，即由票据持有人提供真实有效的票据原件并对其合法取得票据加以证明后，付款义务人就应当支付相应的票据款。本案中，出票人中南某公司提出了合理的抗辩，直接票据债务人中某公司亦确认不存在真实基础关系，法院将对票据付款请求权的审查标准提高到了实质审查程度，这是由于案涉票据的特殊情况导致，也是对票据法诚实信用原则的运用。最终，富某公司的付款请求权没有得到法院的支持。因此，需要提醒广大市场交易主体，票据的流转应当遵循票据法的相关规定，票据质押应记载"质押"字样，背书转让也应依法依规进行。企业在市场交易中，对涉及的票据，一定要认真进行审查，以保障票据流转的安全。

法条链接

《中华人民共和国票据法》第十条、第二十六条、第五十四条

2. 公司内部拆借资金要谨慎，避免税务风险

案例：某集团为资金周转困难的企业提供
委托贷款未收取利息案

📖 **案例简介**

2014 年 1 月至 2017 年 12 月，A 集团有多笔集团内部资金拆借业务，对其中部分拆借资金收取了利息，并按照《企业所得税法》规定计算缴纳税款，而部分拆借资金未收取利息未确认收入。税务机关在检查原始凭证和相关资料时发现，A 集团有几笔资金拆借业务既没有借款合同，也没有取得合法有效的增值税发票，却对相应的利息支出做了企业所得税税前扣除处理。原来，A 集团对于个别资金需求迫切、来不及签订委托借款合同的内部业务，经内部决策，酌情为其提供短期过桥资金以解燃眉之急，不收取利息收入。

根据《企业所得税税前扣除凭证管理办法》第五条的规定，企业发生支出，应取得税前扣除凭证，作为计算企业所得税应纳税所得额时扣除相关支出的依据。对于借入方未取得合法有效凭证、未签订借款合同的利息支出，不得在企业所得税税前扣除。据此，A 集团通过自查补

报，调整了自身应纳税所得额400多万元。

但与此同时，根据相关规定，对于出借方未签订借款合同、未确认利息收入的，应按照同类同期银行贷款利率确认利息收入并补缴企业所得税。对于双方签订了无息借款合同的内部资金拆借行为，不符合独立交易原则的要求，税务机关核定A集团的应纳税所得额约1亿元。最终，A集团因这两项内部资金拆借不合规行为，补缴企业所得税4800多万元。

案例分析

《企业所得税税前扣除凭证管理办法》第五条规定："企业发生支出，应取得税前扣除凭证，作为计算企业所得税应纳税所得额时扣除相关支出的依据。"第六条规定："企业应在当年度企业所得税法规定的汇算清缴期结束前取得税前扣除凭证。"

从A集团的案例可以发现，其财务管理违背独立交易原则，内部资金拆借不合规，主要体现在两个方面：一是企业所得税处理不符合独立交易原则；二是交易的原始凭证和相关资料不齐全。这两点，也是不少集团内部资金拆借管理的不足之处。

实务中，集团内部资金往来通常是出于实际经营的需要，缓解集团资金紧张的暂时性资金周转，考虑对方偿还能力等原因，可能不会收取利息，较少取得实质性的经济利益。根据相关规定， 2019 年 2 月 1 日至 2023 年 12 月 31 日对企业集团内单位（含企业集团）之间的资金无偿借贷行为，免征增值税。需要提醒的是，内部资金拆借属于集团内部关联交易的一种，即使享受了增值税优惠，企业仍需要按照独立交易原则的要求，对相应的内部资金拆借做企业所得税处理。像 A 集团这样，对于集团内无息的资金拆借不确认利息收入的行为，显然不符合独立交易原则的要求。

风险提示

一些企业以集团内部资金往来频繁、时间紧为由，在资金拆借时，没有取得合法有效的交易凭证，这样的做法会给企业带来税务风险。近年来，集团内部资金拆借逐渐频繁，且金额较大，如果资金拆借行为不合法、不合规，很可能需要补缴较高金额的税款。因此，建议集团企业重视内部资金拆借的管理、优化资金拆借流程。

在发生相关交易前，企业从经济实质出发并及时签订相应的合同，作为双方真实发生业务的重要原始依据。同时，可在集团内部成员企业间设置统一的会计科目，明确资金借入、借出，利息收支等财税处理的规则，避免因相关手续不齐全、资料不完整、财税处理不规范等带来风险。

法条链接

《中华人民共和国企业所得税法》第四十一条

《企业所得税税前扣除凭证管理办法》第五条、第六条

《财政部、税务总局关于明确养老机构免征增值税等政策的通知》第三条

《财政部、税务总局关于延长部分税收优惠政策执行期限的公告》（财政部、税务总局公告 2022 年第 4 号）

3. 要合法应用企业税收优惠政策，切勿钻退税的空子

案例：企业依法依规申请退还增量留抵税额

案例简介

2023 年 10 月 6 日，某企业申报 2023 年 4 月至 9 月的留抵退税，同时也申报了免抵退税。该企业 2023 年 9 月的期末留抵税额为 100 万元。10 月 22 日，税务机关核准其免抵退税应退税额为 50 万元。10 月 27 日核准留抵退税时，应如何计算留抵退税应退税额？

经税务机关核算，应以期末留抵税额 100 万元扣减免

抵退税应退税额 50 万元后的余额 50 万元为依据，计算留抵退税应退税额。

📝 案例分析

　　根据《国家税务总局关于办理增值税期末留抵税额退税有关事项的公告》（国家税务总局公告 2019 年第 20 号）第九条第二项规定，纳税人在同一申报期既申报免抵退税又申请办理留抵退税的，或者在纳税人申请办理留抵退税时存在尚未经税务机关核准的免抵退税应退税额的，应待税务机关核准免抵退税应退税额后，按最近一期《增值税纳税申报表（一般纳税人适用）》期末留抵税额，扣减税务机关核准的免抵退税应退税额后的余额确定允许退还的增量留抵税额。

　　该企业最近一期申报表中的期末留抵税额，尚未扣减 50 万元免抵退税应退税额。纳税人在同一申报期既申报免抵退税又申请办理留抵退税的，或者在纳税人申请办理留抵退税时存在尚未经税务机关核准的免抵退税应退税额的，应待税务机关核准免抵退税应退税额后，按最近一期《增值税纳税申报表（一般纳税人适用）》期末留抵税额，扣减税务机关核准的免抵退税应退税额后的余额确定允许退还的增量留抵税额。

　　税务机关核准的免抵退税应退税额，是指税务机关当期已核准，但纳税人尚未在《增值税纳税申报表（一般纳税人适用）》第 15 栏"免、抵、退应退税额"中填报的免抵退税应退税额。

风险提示

中型企业、小型企业和微型企业在利用税收优惠政策进行留抵退税时，要注意防范其中可能存在的风险。主要有以下几点：（一）不符合留抵退税的条件。 1. 企业的纳税信用等级不符； 2. 申请退税前的期限内存在骗税、虚开发票及偷税被处罚的情况。 3. 享受过即征即退等政策。 4. 不属于小微企业或制造业等特定行业企业。（二）销项税额存在问题。申请留抵退税时，企业销项税额小于进项税额。（三）进项税额存在问题。进项税额最大的问题就是取得虚开的增值税专用发票，虚抵进项税额。而针对进项税额，需要关注企业是否发生需要进项税额转出的情形，如取得专票的采购业务，是否用于免征增值税及简易计税项目，是否用于集体福利及个人消费等。（四）进销项不匹配。进销项匹配要关注购进的货物是否和销售的货物具有逻辑一致性。要关注是否存在有进无销、进大销小、进销同步变动异常等行为。

综上，对于需要办理留抵退税的企业来说，需结合本企业自身情况自查后来判断自身是否存在相关风险，如若本企业符合退税条件，就可以申请退税，不用担心税务局稽查，如果通过自查后，本企业不符合退税条件，则可以选择放弃退税优惠，写明理由提交即可。如此，企业才能做到优惠政策应享尽享，依法纳税应缴尽缴，杜绝涉税违法行为发生。

法条链接

《中小企业划型标准规定》第二条

《国家税务总局关于办理增值税期末留抵退税有关事项的公告》（国家税务总局公告2019年第20号）第九条第二项

《财政部、税务总局关于进一步加大增值税期末留抵退税政策实施力度的公告》（国家税务总局公告2022年第14号）之二

《国家税务总局关于进一步加大增值税期末留抵退税政策实施力度有关征管事项的公告》（国家税务总局公告2022年第4号）之一、三

《财政部、税务总局关于进一步加快增值税期末留抵退税政策实施进度的公告》（国家税务总局公告2022年第17号）

4. 票据应严格管理，企业切勿随意开具发票

案例：无锡 F 警用器材公司虚开增值税专用发票案

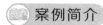 案例简介

乌某某，男，F 警用器材公司董事长；陈某某，女，F 警用器材公司总监；杜某某，女，无锡 B 科技有限公司法定代表人。乌某某、陈某某为了让 F 警用器材公司少缴税款，商议在没有货物实际交易的情况下，从其他公司虚开增值税专用发票抵扣税款，并指使公司销售倪某通过公司供应商杜某某等人介绍，采用伪造合同、虚构交易、支付开票费等手段，从王某某实际控制的商贸公司、电子科技公司虚开增值税专用发票 24 份，税额共计人民币 37 万余元，后 F 警用器材公司从税务机关抵扣了税款。乌某某、陈某某、倪某、杜某某先后至公安机关投案，均如实供述犯罪事实。案发后，F 警用器材公司补缴全部税款并缴纳滞纳金。

2020 年 3 月 6 日，无锡市新吴区人民检察院依据《刑事诉讼法》第一百七十七条第二款规定，对该公司及乌某某等四人作出不起诉决定，就没收被不起诉人违法所得及对被不起诉单位予以行政处罚向公安机关和税务机关

分别提出检察意见。后公安机关对倪某、杜某某没收违法所得共计人民币 4 万余元，税务机关对该公司处以行政罚款人民币 46 万余元。

案例分析

《刑法》第三十七条规定："对于犯罪情节轻微不需要判处刑罚的，可以免予刑事处罚，但是可以根据案件的不同情况，予以训诫或者责令具结悔过、赔礼道歉、赔偿损失，或者由主管部门予以行政处罚或者行政处分。"第二百零五条规定："虚开增值税专用发票或者虚开用于骗取出口退税、抵扣税款的其他发票的，处三年以下有期徒刑或者拘役，并处二万元以上二十万元以下罚金；虚开的税款数额较大或者有其他严重情节的，处三年以上十年以下有期徒刑，并处五万元以上五十万元以下罚金；虚开的税款数额巨大或者有其他特别严重情节的，处十年以上有期徒刑或者无期徒刑，并处五万元以上五十万元以下罚金或者没收财产。单位犯本条规定之罪的，对单位判处罚金，并对其直接负责的主管人员和其他直接责任人员，处三年以下有期徒刑或者拘役；虚开的税款数额较大或者有其他严重情节的，处三年以上十年以下有期徒刑；虚开的税款数额巨大或者有其他特别严重情节的，处十年以上有期徒刑或者无期徒刑。虚开增值税专用发票或者虚开用于骗取出口退税、抵扣税款的其他发票，是指有为他人虚开、为自己虚开、让他人为自己虚开、介绍他人虚开行为之一的。"

本案中，F警用器材公司相关负责人为了骗取退税，以伪造合同、虚构交易、支付开票费等手段从另一公司"购买"发票，这一系列行为已经触犯了法律，相关人员可能会被科以刑罚。本案中的相关人员能够主动投案，如实供述，积极补缴税款及滞纳金，经检察机关审查、组织听证后作出了不起诉决定。

之后，公司根据检察机关建议，制订合规经营方案，修订公司规章制度，明确岗位职责，对员工开展合法合规管理培训，并努力完善公司治理结构。

风险提示

税收管理是我国市场经济管理中的重要一环，发票与税收管理密切相关。各企业在经营管理中无论是为别人开具发票还是领用发票，都应遵守税收管理的相关规定，根据实际的经营情况和真实交易来开具发票。企业在经营中应当制定相应的规章，加强票据管理，合理合规经营。

法条链接

《中华人民共和国刑法》第三十七条、第二百零五条

《中华人民共和国刑事诉讼法》第十五条、第一百七十四条、第一百七十七条

《最高人民法院关于虚开增值税专用发票定罪量刑标准有关问题的通知》

5. 面对恶意拖欠账款等行为时，公司维权有法可依

案例：某混凝土公司与某大型工程公司合同纠纷案

📖 **案例简介**

某混凝土公司与某大型工程公司签订混凝土采购合同，约定由某混凝土公司向某工程公司供应混凝土。合同签订后，某混凝土公司按约履行了供货义务，但合作的某工程公司未如期支付货款。经几次对货款支付问题协商未果后，某混凝土公司诉至法院，要求某工程公司支付货款并支付逾期的利息。

法院经过审理后认为，某混凝土公司要求某工程公司支付货款于法有据，应予支持；关于逾期付款利息，合同中并未对逾期付款的违约责任进行约定，某混凝土公司要求依据《保障中小企业款项支付条例》第十五条规定，按照每日万分之五利率支付逾期付款利息。经查，某混凝

土公司属于中型企业，而某工程公司属大型企业，本案符合《保障中小企业款项支付条例》第十五条适用条件，故人民法院依法支持了混凝土公司关于逾期利率标准的主张。

案例分析

《保障中小企业款项支付条例》第三条规定："……中小企业、大型企业依合同订立时的企业规模类型确定。中小企业与机关、事业单位、大型企业订立合同时，应当主动告知其属于中小企业。"第六条规定："机关、事业单位和大型企业不得要求中小企业接受不合理的付款期限、方式、条件和违约责任等交易条件，不得违约拖欠中小企业的货物、工程、服务款项。中小企业应当依法经营，诚实守信，按照合同约定提供合格的货物、工程和服务。"第十五条规定："机关、事业单位和大型企业迟延支付中小企业款项的，应当支付逾期利息。双方对逾期利息的利率有约定的，约定利率不得低于合同订立时1年期贷款市场报价利率；未作约定的，按照每日利率万分之五支付逾期利息。"

本案中，两个企业的账款纠纷，某混凝土公司诉至法院，要求某大型工程公司支付货款并支付逾期的利息。法院根据《关于印发中小企业划型标准规定的通知》的规定，认定案中的某混凝土公司为中型企业。案件所涉纠纷系大型企业迟延支付中小企业款项，某大型工程公司确未如期支付货款，某混凝土公司要求某大型工程公司支付货款于法有据，最终法院判决某混凝土公司胜诉。因此，作为中型企业的某混凝土公司根据《保障中小企业款项支付条例》的规定，依法维护了自身的合法财产权益，及时获得了某大型国有工程公司支付的货款 600 余万元及违约利息，收回了企业的应收账款。其中，违约利息按照每日利率万分之五的标准计算。

🖊 风险提示

民营中小企业是建设现代化经济体系、实现经济高质量发展的重要基础，是扩大就业、改善民生的重要支撑。拖欠民营中小企业款项既影响企业发展，也对政府公信力及营商环境有损害。中央经济工作会议强调，要强化契约精神，有效治理恶意拖欠账款和逃废债行为。 2020 年 9 月 1 日起施行的《保障中小企业款项支付条例》，正是为了促进机关、事业单位和大型企业及时支付中小企业款项，维护中小企业合法权益，优化营商环境。其中第十五条规定，机关、事业单位和大型企业迟延支付中小企业款项的，应当支付逾期利息。双方对逾期利息的利率有约定的，约定利率不得低于合同订立时 1 年期贷款市场报价利率；未作约定的，按照每日利率万分之五支付逾期利息。该条例施行以来，法院已适用该条例维护了多家中小民营企业合法权益。相关民营中小企业，在面对机关、事业单位和大型企业恶意拖欠账款等行为时，可依照《保障中小企业款项支付条例》的规定，依法、有效保护自身的合法财产权益，让企业的资金得到更好的运转。

法条链接

《保障中小企业款项支付条例》第三条、第十五条

6. 案发后公司主动补缴税款，积极配合整改

案例：深圳 X 公司走私普通货物案

案例简介

从事水果进出口贸易的企业 X 公司自 2018 年开始，从其收购的 T 公司进口榴梿销售给国内客户。T 公司总经理张某某负责在泰国采购榴梿并包装、报关运输至我国香港地区；X 公司副总裁曲某某分管公司进口业务，业务经理李某、程某负责具体对接榴梿进口报关、财务记账、货款支付等。

X 公司进口榴梿海运主要委托深圳、珠海两地的 S 公

司代理报关。在报关过程中，由 S 公司每月发布虚假"指导价"，X 公司根据指导价制作虚假采购合同及发票用于报关，报关价格低于实际成本价格。2018 年至 2019 年，X 公司多次要求以实际成本价报关，均被 S 公司以统一报价容易快速通关等行业惯例为由拒绝。2019 年 4 月后，经双方商议最终决定以实际成本价报关。

2019 年 12 月，T 公司张某某，X 公司曲某某、李某、程某被抓获归案。经海关计核，2018 年至 2019 年，X 公司通过 S 公司低报价格进口榴梿 415 柜，偷逃税款合计 397 万余元。案发后，X 公司规范了报关行为，主动补缴了税款。2020 年 1 月，市检察院以走私普通货物罪对张某某、曲某某批准逮捕，以无新的社会危险性为由对程某、李某作出不批准逮捕决定。2020 年 3 月，为支持企业复工复产，根据市检察院建议，张某某、曲某某变更强制措施为取保候审。2020 年 6 月，海关缉私局以 X 公司、张某某等涉嫌走私普通货物罪移送市检察院审查起诉。

在市检察院的建议下，X 公司 2020 年 3 月启动了为期一年的进口业务合规整改工作。合规建设期间，X 公司被区促进企业合规建设委员会（以下简称"区合规委"）列为首批合规建设示范企业。最终，市检察院于 2020 年 9 月对 X 公司及涉案人员作出相对不起诉处理，X 公司被不起诉后继续进行合规整改。

案例分析

《刑法》第一百五十三条规定："走私本法第一百五十一条、第一百五十二条、第三百四十七条规定以外的货物、物品的，根据情节轻重，分别依照下列规定处罚：（一）走私货物、物品偷逃应缴税额较大或者一年内曾因走私被给予二次行政处罚后又走私的，处三年以下有期徒刑或者拘役，并处偷逃应缴税额一倍以上五倍以下罚金。（二）走私货物、物品偷逃应缴税额巨大或者有其他严重情节的，处三年以上十年以下有期徒刑，并处偷逃应缴税额一倍以上五倍以下罚金。（三）走私货物、物品偷逃应缴税额特别巨大或者有其他特别严重情节的，处十年以上有期徒刑或者无期徒刑，并处偷逃应缴税额一倍以上五倍以下罚金或者没收财产。单位犯前款罪的，对单位判处罚金，并对其直接负责的主管人员和其他直接责任人员，处三年以下有期徒刑或者拘役；情节严重的，处三年以上十年以下有期徒刑；情节特别严重的，处十年以上有期徒刑。对多次走私未经处理的，按照累计走私货物、物品的偷逃应缴税额处罚。"

在本案中，X公司、张某某、曲某某、李某、程某涉嫌走私普通货物罪被移送审查起诉，检察院依法指导X公司进行了企业合规整改。

　　一是 X 公司开始了为期一年的进口业务合规整改工作。 X 公司制订的合规计划主要针对与走私犯罪有密切联系的企业架构和治理结构、规章制度、人员管理等方面存在的问题，制定合规可行的管理规范，构建有效的合规组织体系，完善业务的管理流程，健全各类风险防范报告机制，弥补企业制度建设和监督管理漏洞，防止再次出现类似的违规行为。经过前期合规整改， X 公司在集团层面设立了合规管理委员会，合规部、内控部与审计部形成合规风险管理的三道防线。 X 公司还制定专项预算，为企业合规体系建设和维护提供持续的人力和资金保障。合规建设期间， X 公司被宝安区合规委列为首批合规建设示范企业。

　　二是区合规委组织成立了企业合规第三方监督评估工作组，对 X 公司合规整改情况进行评估验收和回访考察。第三方监督评估工作组经考察认为， X 公司的合规整改取得了较为明显的效果， X 公司制定了可行的合规管理规范，在合规组织体系、制度体系、运行机制、合规文化建设等方面搭建起了基本有效的合规管理体系，弥补了企业违法违规行为的管理漏洞，从而能有效防范企业再次发生相同或者类似的违法犯罪。通过合规互认的方式，相关考察意见成为海关对 X 公司作出行政处理决定的重要参考。为了确保合规整改的持续性，考察结束后，第三方工作组继续对 X 公司进行为期一年的回访考察。

三是整改期间， X 公司积极推动行业生态良性发展，不仅主动配合海关总署的工作，如实提供公司进口水果的采购价格作为海关总署出具验估价格参数的参照标准，还参与行业协会调研、探讨开展定期价格审查评估与监督机制的初步方案。针对案件办理过程中发现的行政监管漏洞、价格低报等行业普遍性问题，深圳市检察院依法向深圳海关发出《检察建议书》并得到采纳。

风险提示

该案中， X 公司长期以正规报关为主，不是低报走私犯意的提起者，系共同犯罪的从犯，且案发后规范了报关行为，主动补缴了税款，还积极与海关、银行合作，探索水果进口合规经营模式，避免了企业生产停顿带来的严重影响。

企业合规改革试点要依法有序推进。检察机关根据涉案企业阶段性的合规整改情况作出不起诉决定后，持续督促其进行合规整改，合规考察期限届满后通过第三方工作组开展合规监督评估，确保合规整改充分开展、取得实效。企业也一定要有正确的态度，积极配合，推进整改取得真正实效。

法条链接

《中华人民共和国刑法》第一百五十三条

《中华人民共和国刑事诉讼法》第一百七十七条

《最高人民检察院、司法部、财政部、生态环境部、国务院国有资产监督管理委员会、国家税务总局、国家市场监督管理总局、中华全国工商业联合会、中国国际贸易促进委员会关于建立涉案企业合规第三方监督评估机制的指导意见（试行）》第四条

下篇

企业外部合规与风险防范

一、投融资合规

1. "周转借钱"要小心，公司未经批准不得吸收公众存款

案例：杨某等人非法吸收公众存款案

案例简介

浙江某集团有限公司（以下简称某集团）于 2013 年成立，杨某为董事长。2014 年，杨某利用其实际控制的公司又先后成立上海某财富投资管理有限公司（以下简称某财富）、某普惠投资管理有限公司（以下简称某普惠）。之后，杨某开展非法吸收公众存款活动。其中，某普惠负责发展信贷客户（借款人），某财富负责向社会发展理财客户（出借人），根据理财产品的不同期限约定不同的年化利率募集资金。在线下渠道，某集团在多个市开设门店，采用发放宣传单、举办年会、发布广告等方式进行宣传，理财客户或者通过与杨某签订债权转让协议，或

者通过匹配某集团虚构的信贷客户借款需求进行投资，将投资款转账至杨某个人名下42个银行账户，被某集团用于还本付息、生产经营等活动。在线上渠道，某集团及其关联公司以网络借贷信息中介活动的名义进行宣传，理财客户根据某集团的要求在第三方支付平台上开设虚拟账户并绑定银行账户。理财客户选定投资项目后将投资款转入虚拟账户进行投资活动，某集团、杨某及某集团实际控制的担保公司为理财客户的债权提供担保。某集团对理财客户虚拟账户内的资金进行调配，划拨出借资金和还本付息资金到相应理财客户和信贷客户账户，并将剩余资金直接转至杨某在第三方支付平台上开设的托管账户，再转账至杨某开设的个人银行账户，与线下资金混同，由某集团支配使用。

不久，因资金链断裂，某集团无法按期兑付本息，后被诉至法院，法院结合所涉数额及退赔情况，以非法吸收公众存款罪，判处被告人杨某有期徒刑九年六个月，并处罚金人民币五十万元；在案查封、扣押的房产、车辆、股权等变价后分别按损失比例发还，不足部分责令继续退赔。

案例分析

《刑法》第一百七十六条规定："非法吸收公众存款或者变相吸收公众存款，扰乱金融秩序的，处三年以下有期徒刑或者拘役，并处或者单处罚金；数额巨大或者有其他严重情节的，处三年以上十年以下有期徒刑，并处罚金；数额特别巨大或者有其他特别严重情节的，处十年以上有期徒刑，并处罚金。单位犯前款罪的，对单位判处罚金，并对其直接负责的主管人员和其他直接责任人员，依照前款的规定处罚。有前两款行为，在提起公诉前积极退赃退赔，减少损害结果发生的，可以从轻或者减轻处罚。"

向不特定社会公众吸收存款是商业银行专属金融业务，任何单位和个人未经批准不得实施。根据《商业银行法》第十一条第二款规定，未经国务院银行业监督管理机构批准，任何单位和个人不得从事吸收公众存款等商业银行业务，这是判断吸收公众存款行为合法与非法的基本法律依据。任何单位或个人，包括非银行金融机构，未经国务院银行业监督管理机构批准，面向社会吸收公众存款或者变相吸收公众存款均属非法。国务院发布的《非法金融机构和非法金融业务活动取缔办法》[1] 进一步明确规定，未经依法批准，非法吸收公众存款、变相吸收公众存款、以任何名义向社会不特定对象进行的非法集资都属于非法金融活动，必须予以取缔。为了解决传统金融机构覆盖不了、满足不好的社会资金需求，缓解个体经营者、小

---

[1] 已废止，现参见《防范和处置非法集资条例》。

微企业经营当中的小额资金困难，原中国银行业监督管理委员会等部门于 2016 年发布了《网络借贷信息中介机构业务活动管理暂行办法》等"一个办法三个指引"，允许单位或个人在规定的借款余额范围内通过网络借贷信息中介机构进行小额借贷，并且对单一组织、单一个人在单一平台、多个平台的借款余额上限作了明确限定。网络借贷信息中介机构依法只能从事信息中介业务，为借款人与出借人实现直接借贷提供信息搜集、信息公布、资信评估、信息交互、借贷撮合等服务。信息中介机构不得提供增信服务，不得直接或间接归集资金，包括设立资金池控制、支配资金或者为自己控制的公司融资。网络借贷信息中介机构利用互联网发布信息归集资金，则不仅超出了信息中介业务范围，也触犯了《刑法》的相关规定。

本案中，某集团的线上业务归集客户资金设立资金池并进行控制、支配、使用，不是网络借贷信息中介业务。（1）第三方支付平台赋予某集团对所有理财客户虚拟账户内的资金进行冻结、划拨、查询的权限。线上理财客户在合同中也明确授权某集团对其虚拟账户内的资金进行冻结、划拨、查询，且虚拟账户销户需要某集团许可。（2）杨某及其控制的公司承诺为信贷客户提供担保，当信贷客户不能按时还本付息时，杨某保证在债权期限届满之日起 3 个工作日内代为偿还本金和利息。实际操作中，归还出借人的资金都来自线上的托管账户或者杨某用于线下经营的银行账户。（3）理财客户将资金转入第三方平台的虚拟账户后，某集团每日根据理财客户出借资金和信贷客户的借款需求，以多对多的方式进行人工匹配。当理财客户资金总额大于信贷客户借款需求时，剩余资金划入杨某在第三方支付平台开设的托管账户。某集团预留第二天需要支付的到期本息后，将剩余资金提现至杨某的银行账户，用于线下非法吸收公众存款活动或其他经营活动。此外，根据证据，证实某集团资金池内的资金去向：（1）某集团吸收的资金除用于还本付息外，主要用于扩大某集团下属公司的经营业务。（2）某集团线上资金与线下资金混同使用，互相弥补资金不足，某集团从第三方支付平台提现到杨某银行账户资金高于杨某个人银行账户转入第三方支付平台资金。（3）某集团将吸收的资金用于公司自身的投资项目，并有少部分用于个人支出，案发时线下、线上的理财客户均遭遇资金兑付困难。

🖊 风险提示

企业必须遵守金融管理法律规定，不得触犯刑法规定。金融是现代经济的核心和血脉，金融活动引发的风险具有较强的传导性、扩张性、潜在性和不确定性。为了发挥金融服务经济社会发展的作用，有效防控金融风险，国家制定了完善的法律法规，对商业银行、保险、证券等金融业务进行严格的规制和监管。金融也需要发展和创新，但金融创新必须有效地防控可能产生的风险，必须遵守金融管理法律法规，尤其是依法须经许可才能从事的金融业务，不允许未经许可而以创新的名义擅自开展。现实中，部分企业在一些情况下会想办法"周转借钱"，吸收公众存款，一不小心就可能违反法律规定，因此企业在融资和借款等方面，必须小心谨慎。

⚖ 法条链接

《中华人民共和国刑法》第一百七十六条

《中华人民共和国商业银行法》第十一条

《最高人民法院关于审理非法集资刑事案件具体应用法律若干问题的解释》第一条

2. 私自把项目款拿出去放贷可不行，公司应注意专款专用

案例：王某挪用资金案

📖 案例简介

S市N区朗景园小区第二届业主委员会（以下简称业

委会）成立之后，王某被选为第二届业委会主任，任期至2025 年 6 月。当选后，王某以朗景园小区第二届业委会名义在中国银行高新区支行开设对公账户，用以收取小区业主自行出资购买停车场相关设备、运营维护费用、小区物业修缮费用以及商铺门面的租金。随后，王某在未经业主大会讨论和表决的情况下私自从朗景园小区业委会对公账户中分 9 次、共将人民币 44 万元转至自己的银行账户，并于次日将其中人民币 40 万元转账至其金融经理贺某的招商银行账户，用于 S 市某智能科技有限公司 2% 的股权投资，又将剩余的人民币 4 万元用于借款转账给业委会成员李梅。当年年底，因小区业主要求对小区的账目进行财务审计，王某从自己的另一个银行账户向小区业委会的账户分 9 次转入人民币共 44 万元。最后法院判决王某犯挪用资金罪，判处有期徒刑九个月。

📝 案例分析

《刑法》第二百七十二条第一款规定："公司、企业或者其他单位的工作人员，利用职务上的便利，挪用本单位资金归个人使用或者借贷给他人，数额较大、超过三个月未还的，或者虽未超过三个月，但数额较大、进行营利活动的，或者进行非法活动的，处三年以下有期徒刑或者拘役；挪用本单位资金数额巨大的，处三年以上七年以下有期徒刑；数额特别巨大的，处七年以上有期徒刑。"

　　王某作为业委会主任，利用职务上的便利，挪用业委会资金 44 万元归个人使用，用于营利活动或借贷给他人，数额较大，超过三个月未还，其行为已构成挪用资金罪。朗景园小区业委会已获 S 市市场监督管理局颁发的组织机构代码证，应视为《刑法》第二百七十二条规定的"其他单位"，业委会工作人员可以成为挪用资金罪的犯罪主体。业委会在银行开立账户，账户内资金属全体业主的集体财产，应认定为《刑法》第二百七十二条规定的"本单位资金"。王某归案后能如实供述自己的罪行，案发前已将涉案资金退还，依法可以从轻处罚。

　　王某未经业主大会讨论和表决通过，私自挪用朗景园小区业委会的中国银行对公账户中的人民币 44 万元的事实属客观事实。即使小区部分业主事后表示谅解，表示给予补充授权亦不能与业主大会事前的讨论和表决这一规定程序等同相待。因此，业主事后谅解或补充授权并无实质的阻却违法性判断的效力。

风险提示

　　本案中，虽然业委会不属于常见的企业类型，但其也取得了主管单位的设立批准并且有组织机构代码证，对民营中小企业也有一定的借鉴意义。企业经营管理过程中，企业资金的支配和使用应当经过必要的审批流程或经过表决同意，做到"专款专用"。企业相关人员切不可因为项目款暂时不用动起"歪心思"，私自用项目款参与投资理财，这种行为不仅可能会导致项目款折损在投资里有去无回，更有可能涉及刑事犯罪。如果确实因为一些特殊情况暂时挪用了资金，则应及时补上审批或者表决程序，尽快、足额归还资金。

法条链接

《中华人民共和国刑法》第二百七十二条

《全国人民代表大会常务委员会法制工作委员会刑法室〈关于挪用资金罪有关问题的答复〉》（法工委刑发〔2004〕第 28 号）

3. 项目研发和集资切勿"信口开河"、收钱不干活

案例：许某甲、许某乙、马某乙集资诈骗案

案例简介

2001 年，许某甲与冯某（挂名股东）成立北京某科贸有限公司（以下简称北京某科贸公司），并先后在广

州、深圳、成都等地设立分公司。2003 年，许某甲同马某甲（挂名股东）设立北京某科技有限公司（以下简称北京某科技公司），2004 年，许某甲伙同许某乙成立南京某科技有限公司（以下简称南京某科技公司）。马某乙任北京某科技公司财务总监，管理包括南京某科技公司在内的各地上缴的集资款。

之后，被告人许某甲未依照法定程序经有关部门批准，以"星炬计划"的名义，以高额回报为诱饵，虚构集资用途非法集资，向不特定公众宣称研制蚂蚁产品，向社会不特定的对象实施非法集资行为。事实上，北京某科技公司基本没有经营活动，南京某科技公司的主要活动为募集客户资金及返还到期本金及利润，实际用于养殖蚂蚁、开发研制及销售蚂蚁产品的资金量非常小。许某甲在集资过程中虚构事实，夸大公司实力，向不特定公众发布"星炬计划"的虚假宣传资料。

经查明，许某甲违反有关规定，未依照法定程序经有关部门批准，进行非法集资，与客户签订特种药蚁销售合同、委托养殖合同、回收合同等，承诺客户每窝蚂蚁投资人民币 460 元，1 年后返还人民币 640 元，年回报率为 40%。

最终法院经审理后判决：许某甲犯集资诈骗罪，判处死刑，缓期二年执行，剥夺政治权利终身，没收个人全部财产；许某乙犯集资诈骗罪，判处无期徒刑，剥夺政治权利终身，没收个人全部财产；马某乙犯集资诈骗罪，判处有期徒刑十五年，罚金人民币五十万元。

案例分析

行为人以非法占有为目的，采取虚构集资用途，以虚假的证明文件和高回报率为诱饵，未经有权机关批准，向社会公众非法募集资金，骗取集资款的行为，构成《刑法》第一百九十二条规定的集资诈骗罪，其具体规定为："以非法占有为目的，使用诈骗方法非法集资，数额较大的，处三年以上七年以下有期徒刑，并处罚金；数额巨大或者有其他严重情节的，处七年以上有期徒刑或者无期徒刑，并处罚金或者没收财产。单位犯前款罪的，对单位判处罚金，并对其直接负责的主管人员和其他直接责任人员，依照前款的规定处罚。"《中国人民银行关于取缔非法金融机构和非法金融业务活动中有关问题的通知》第一条规定：非法集资是指单位或个人未依照法定程序经有关部门批准，以发行股票、债券、彩票、投资基金证券或者其他债权凭证的方式向社会公众筹集资金，并承诺在一定期限内以货币、实物及其他方式向出资人还本付息或给予回报的行为。它具有如下特点：（一）未经有关部门批准；（二）承诺在一定期限内给出资人还本付息；（三）向社会不特定对象即社会公众筹集资金；（四）以合法形式掩盖其非法集资的性质。

根据本案查明的事实，许某甲、许某乙、马某乙未经有关部门批准，通过与客户签订特种药蚁销售合同、委托养殖合同、回收合同等三种系列合同，承诺客户每窝蚂蚁投资人民币 460 元，1 年后返还人民币 640 元，年回报率为 40%。上述合同系承诺在一定期限内给出资人还本付息方式，向社会不特定对象筹集资金。许某甲、许某乙、马某乙在集资过程中，明知无法归还本息，仍以高额回报为诱饵，虚构集资用途，谎称其集资款用于养殖蚂蚁、开发研制及销售蚂蚁产品，在募集资金过程中虚构其实施的"星炬计划"被国务院扶贫办中国老区扶贫工作委员会、中国科技扶贫工作委员会在全国推广；虚构南京某科技公司、北京某科技公司是中国某科技集团的下属公司、子公司，实力雄厚，其行为属于通过虚构和夸大公司实力等手段欺骗不特定公众投资。尽管许某甲辩称涉案公司无力兑现一部分客户的前期投资款本金以及约定的利息，给客户带来损失是因为经营方式有问题，但事实上，三被告人进行实体经营的比例极小，根本无法通过正常经营偿还前期非法募集的本金及约定利息，甚至还将募集的款项进行挥霍，应当认定其主观上具有非法占有的目的。

对于认定集资诈骗罪中的"以非法占有为目的"，本案中，被告人许某甲、许某乙、马某乙骗取巨额集资款后，款项均打入三被告人的个人账户，由三被告人占有、支配，并未将资金用于合同约定用途，为养殖蚂蚁以及开发研制、销售蚂蚁产品只投入极少资金，收到的后期投资款部分用于兑现前期投资款的本金以及约定的高额利息，其余部分，除用于涉案公司的运作开支外，许某甲、马某乙还以个人的名义购置房产、汽车。

综上，可以认定三人采取了诈骗的方法非法集资。

风险提示

许某甲、许某乙、马某乙三人明知相关蚂蚁产品开发研制尚未成熟，产量、产品远远无法兑现高额利息的情况，采取虚构集资用途，以虚假的证明文件和高回报率为诱饵，未经有权机关批准，向社会公众非法募集资金，骗取集资款的行为，构成《刑法》第一百九十二条规定的集资诈骗罪。尽管三被告人都辩称自己没有非法占有的主观目的，但项目相关款项都打入三人个人账户，并由三人随意支配、挥霍，根据主客观统一的原则，可以认定三人的非法占有事实。企业在开发新项目时，应该注意项目的真实性和科学性，切勿"信口开河"、胡编乱造。而涉及融资时，企业务必注意，募集资金必须依法获得批准、募集到的资金应该严格按照项目书的内容进行管理和支配，不可用于个人享乐、挥霍。

法条链接

《中华人民共和国刑法》第一百九十二条

《中国人民银行关于取缔非法金融机构和非法金融业务活动中有关问题的通知》第一条

4. 融资租赁应注意核查租赁物真实性和权属

案例：上海某融资租赁有限公司诉某医院、某市城投公司融资租赁合同案

案例简介

2017年3月，原告上海某融资租赁有限公司（甲方）与被告某医院（乙方）签订《回租购买合同》《回租租赁合同》，甲方向乙方购买租赁物并租回给乙方使用，乙方同意向甲方承租租赁物并支付租金及其他应付款项，租赁物总价为3300万元；同时约定租赁期限、每期租金金额、租金支付日、违约情形及违约责任。被告某医院向原告出具固定资产清单、设备所有权确认函、承诺函，承诺设备真实存在。被告某市城投公司与原告签订《保证合同》，

承诺为被告某医院在《回租租赁合同》项下债务提供连带责任保证担保。2017 年 3 月 8 日，原告向被告某医院支付租赁物价款 2970 万元（租赁物总价 3300 万元扣除被告某医院应支付的保证金 330 万元），并就上述融资租赁业务及租赁物信息在中国人民银行征信中心办理了登记。被告某医院已支付部分租金后未再支付。原告遂诉至法院，主张合同加速到期，要求被告某医院支付全部租金、违约金、律师费等，要求被告某市城投公司承担连带保证责任。

案例分析

《民法典》第七百四十条规定，出卖人违反向承租人交付标的物的义务，有下列情形之一的，承租人可以拒绝受领出卖人向其交付的标的物：（一）标的物严重不符合约定；（二）未按照约定交付标的物，经承租人或者出租人催告后在合理期限内仍未交付。承租人拒绝受领标的物的，应当及时通知出租人。

真实的租赁物系融资租赁法律关系的存在前提及构成要件。第一，原告上海某融资租赁有限公司作为主张融资租赁合同关系成立的一方，应对租赁物的真实性承担举证责任。本案中，租赁物清单记载 507 件，原告仅提供被告某医院单方确认真实性的承诺说明，而被告某医院又当庭予以否认，原告举证尚不足以证明租赁物的真实存在。第二，原告的真实意图如系建立融资租赁合同法律关系，则理应对租赁物的真实性及权属做到审慎注意。《回租购买合同》已明确约定，承租人应将租赁物的原始发票原件（及/或其他乙方在将租赁物出售给甲方前对租赁物享有所有权的证明文件的原件）交付给原告保管，直至回租租赁合同履行完毕。现原告不仅无法提供租赁物发票原件，甚至连复印件亦无法提供，现场勘查照片仅涉及极少部分设备，且难以确认与本案租赁物的关联性，原告亦未提供其他审核证据。再者，本案"售后回租"合同签订之前，案外人某公司已就本案部分设备在中国人民银行征信中心进行了登记，原告作为专业的融资租赁公司，理应进行相关查询，对涉案租赁物权属进一步与承租人核实，原告未能举证其尽到此等注意义务。可见，原告对租赁物本身是否存在、其是否能够取得所有权并不关注，法院实难认定原告具有进行融资租赁的真实意思表示。第三，即使被告某医院自认部分设备真实存在，原告单方核算该部分设备价值为2000余万元，与合同约定价值3300万元亦存在显著差异。

风险提示

作为与实体经济结合紧密的一种投融资方式，融资租赁具有融资便利、期限灵活、财务优化等特点，有利于拓宽中小微企业融资渠道。"售后回租"系其中重要方式之一，承租人可以通过盘活自有资产的方式实现融资，实现其固定资产利益的最大化。但与普通融资租赁不同，"售后回租"模式中，租赁物的出卖人与承租人同一，设备不发生移转，极易与借贷关系混淆，"名为租赁实为借贷"是该模式下当事人经常提及的抗辩。而租赁物不存在时，法院通常会依据《民法典》第七百三十七条的规定，以当事人虚构租赁物为由，认定融资租赁合同无效。此类案件的审查重点在于租赁物的真实性，出租人未能举证证明租赁物的真实性，则融资租赁法律关系缺乏融物属性，将被认定为民间借贷，违约的利息也会按民间借贷而非融资租赁的约定去执行。所以，融资租赁公司在业务中必须对租赁物认真审查。而一般企业涉及融资租赁业务时，也应审慎核查租赁物的真实性和权属等，进而防范、化解风险。

法条链接

《中华人民共和国民法典》第七百三十五条、第七百四十条

5. 公司未达到"对赌协议"约定，投资者可按约定回购股权

案例：天津某电子商务有限公司与冯某等增资纠纷上诉案

案例简介

2016 年 9 月，天津某公司作为投资方之一，与目标公司某体育（北京）有限责任公司（以下简称某体育公司），以及目标公司现有股东（包括某集团）签署增资协议，约定投入 2000 万元。增资完成后，天津某公司持有目标公司 1% 的股份。天津某公司与某体育公司的实际控制人冯某签署回购协议，约定：如某体育公司未能在 2020 年 8 月完成合格首次公开募股（Initial Public Offering，IPO），投资方有权要求回购投资方的全部或部分股权。同时，在出现冯某丧失对公司的控制权、冯某未质押的某集团股权市场价值低于 10 亿元、某体育公司的核心人员流失超过二分之一等任一情况下，目标公司需 10 个工作日内通知投资方，投资方有权在 3 个月内要求冯某回购投资者全部或部分股权。

某体育公司章程约定：股东之间可以相互转让其部分或全部出资。股东向股东以外的人转让股权，应当经其他

股东三分之二及以上同意。股东应就其股权转让事项书面通知其他股东征求意见，其他股东自接到书面通知之日起满 30 天未答复的，视为同意转让。

2018 年 11 月，天津某公司向某体育公司其他 8 位股东发送了关于转让股权的通知。8 位股东未作出回复，亦未主张优先购买权。2019 年 1 月，增资协议投资方之一珠海某投资中心向天津某公司表明其拟将某体育公司股权转让给冯某，询问天津某公司是否同意转让，是否行使优先购买权。接函后 30 日未答复或逾期答复，视为同意股权转让和不行使股东的优先购买权。

天津某公司于 2019 年 9 月向人民法院起诉，请求判令冯某支付回购股权款 2420 万元，其配偶对涉诉债务承担连带责任。法院判决冯某向天津某公司给付股权回购款 2420 万元，驳回天津某公司的其他诉讼请求。

📝 案例分析

《民法典》第四百六十五条规定："依法成立的合同，受法律保护。依法成立的合同，仅对当事人具有法律约束力，但是法律另有规定的除外。"对赌协议的本质就是，投资者可以根据融资企业的发展情况调整下一期投资金额或者要求融资人对上期投资损失进行补偿，即当企业总体表现出色时，投资者可以投入更多资金；当企业经营状况不好时，投资者则不再投入资金，可选择股权转换、回购或者补偿。本案中，投资人与目标公司的实际控制人签订的回购协议，是双方当事人的真实意思表示，双方当事人在订立回购协议时已经充分对履约成本、风险、盈利进行估算与预期，其中有关符合一定条件，投资人即可向目标公司实际控制人行使股权回购请求权的约定，触发对赌协议的效力及连带的回购条款，系对赌双方作出的自主商业判断，不损害目标公司及其债权人的利益，且符合《公司法》第四十三条第二款规定的"股东会会议作出修改公司章程、增加或者减少注册资本的决议，以及公司合并、分立、解散或者变更公司形式的决议，必须经代表三分之二以上表决权的股东通过"，亦不违反法律、行政法规的强制性规定，所以是合法有效的。

风险提示

不管是投资方还是被投资方，约定"对赌"协议时，都要细致审慎，认真考虑清楚有关的风险。

而在"对赌"协议未能实现，须股权转换、回购或者补偿时，也要按程序去操作。具体来说，是否确已达到股权回购的条件，以及投资人股权回购请求是否经过审查，都是应认真把握的。只有这样，才能在回购股权过程中，满足法律的程序和要求，减少相关争议。

法条链接

《中华人民共和国民法典》第四百六十五条

《中华人民共和国公司法》第四十三条

6. "对赌协议"后公司未实现上市，投资者可依约回购股份

案例：A公司与B集团公司请求公司收购股份纠纷案

案例简介

2011年7月，A公司与B集团公司、潘某、董某等共同签订《增资扩股协议》一份，约定A公司以现金2200万元人民币对B集团公司增资，其中200万元作为注册资本，2000万元列为公司资本公积金。

同日，潘某、董某等与B集团公司、A公司签订《补充协议》。《补充协议》第1条股权回购第1款约定：若B集团公司在2014年12月31日前未能在境内资本市场上市或B集团公司主营业务、实际控制人、董事会成员发生重大变化，A公司有权要求B集团公司回购其所持有的全部股份；第2款约定了B集团公司回购A公司所持股权价款计算方式；第3款约定潘某、董某、B集团公司应在A公

司书面提出回购要求之日起 30 日内完成回购股权等有关事项，包括完成股东大会决议，签署股权转让合同以及完成变更登记等。第三条违约责任约定：本协议生效后，B 集团公司的违约行为导致 A 公司发生任何损失，潘某、董某、B 集团公司承担连带责任。

2011 年 7 月 20 日，A 公司继续向 B 集团公司增资，但 2014 年 11 月 25 日，A 公司致函 B 集团公司：根据《补充协议》，鉴于 B 集团公司在 2014 年 12 月 31 日前不能在境内资本市场上市，现要求 B 集团公司以现金形式回购 A 公司持有的全部公司股份，回购股权价格同《补充协议》的约定。

案例分析

A 公司、B 集团公司及 B 集团公司全体股东关于 A 公司上述投资收益的约定，不违反国家法律、行政法规的禁止性规定，根据《公司法》第一百四十二条的规定，公司不得收购本公司股份。但是，有下列情形之一的除外：（一）减少公司注册资本；（二）与持有本公司股份的其他公司合并；（三）将股份用于员工持股计划或者股权激励；（四）股东因对股东大会作出的公司合并、分立决议持异议，要求公司收购其股份；（五）将股份用于转换上市公司发行的可转换为股票的公司债券；（六）上市公司为维护公司价值及股东权益所必需。公司因前款第（一）项、第（二）项规定的情形收购本公司股份的，应当经股东大会决议；公司因前款第（三）项、第（五）项、第（六）项规定的情形收购本公司股份的，可以依照公司章程的规定或者股东大会的授权，经三分之二以上董事出席的董事会会议决议。公司依照本条第一款规定收购本公司股份后，属于第（一）项情形的，应当自收购之日起十日内注销；属于第（二）项、第（四）项情形的，应当在六个月内转让或者注销；属于第（三）项、第（五）项、第（六）项情形的，公司合计持有的本公司股份数不得超过本公司已发行股份总额的百分之十，并应当在三年内转让或者注销。上市公司收购本公司股份的，应当依照《证券法》的规定履行信息披露义务。上市公司因本条第一款第（三）项、第（五）项、第（六）项规定的情形收购本公司股份的，应当通过公开的集中交易方式进行。公司不得接受本公司的股票作为质押权的标的。

《公司法》原则上禁止股份有限公司回购本公司股份，同时亦规定了例外情形，符合例外情形的，《公司法》允许股份有限公司回购本公司股份。本案中，B集团公司章程对回购本公司股份的例外情形作出了类似的规定，并经股东一致表决同意，该规定对B集团公司及全体股东均有法律上的约束力。B集团公司履行法定程序，支付股份回购款项，并不违反公司法的强制性规定，亦不会损害公司股东及债权人的利益。

风险提示

本案中，江苏高级人民法院认定案涉投资者与目标公司及其股东回购股份的约定不违反法律、行政法规的禁止性规定，不存在《合同法》① 第五十二条规定的合同无效的情形，亦不属于合同法所规定的格式合同或者格式条款，不存在显失公平的问题，从而肯定了投资者与公司回购股份的约定。

法条链接

《中华人民共和国公司法》第一百四十二条

7. 公司投融资应理性，"对赌协议"不是投机行为

案例：苏州工业园区某投资有限公司与甘肃某资源再利用有限公司增资纠纷案

案例简介

2007 年 11 月 1 日，甘肃某锌业有限公司（系甘肃某

---

① 已废止，现参见《民法典》合同编。

资源再利用有限公司前身，以下简称某锌业公司）、H公司、D公司、陆某共同签订一份某锌业公司增资协议书（以下简称增资协议书），约定：某锌业公司注册资本为384万美元，D公司占投资的100%。各方同意H公司以现金2000万元人民币对某锌业公司进行增资，占某锌业公司增资后注册资本的3.8%，D公司占96%。依据协议内容，D公司与H公司签订合营企业合同及修订公司章程，并于合营企业合同及修订后的章程批准之日起10日内一次性将认缴的增资款汇入某锌业公司指定的账户。合营企业合同及修订后的章程，在报经政府主管部门批准后生效。H公司在履行出资义务时，陆某承诺于2007年12月31日之前将四川省峨边县某铅锌矿过户至某锌业公司名下。募集的资金主要用于收购、开发和技术研究。甘肃某资源再利用有限公司2008年实际净利润完不成3000万元，H公司有权要求甘肃某资源再利用有限公司补偿，双方就补偿款问题产生纠纷，诉至法院。

📝 案例分析

《民法典》第五百零九条①规定："当事人应当按照约定全面履行自己的义务。当事人应当遵循诚信原则，根

---

① 案件发生时，依《合同法》相关规定。

据合同的性质、目的和交易习惯履行通知、协助、保密等义务……"

H 公司等四方签订的协议书虽名为增资协议书，但综观该协议书全部内容，H 公司支付 2000 万元的目的并非仅享有甘肃某资源再利用有限公司 3.8% 的股权（计 15.38 万美元，折合人民币 114.771 万元），而是期望甘肃某资源再利用有限公司经股份制改造并成功上市后获取增值的股权价值。基于上述投资目的，H 公司等四方当事人在增资协议书就业绩目标进行了约定，即甘肃某资源再利用有限公司"2008 年净利润不低于 3000 万元，否则 H 公司有权要求甘肃某资源再利用有限公司予以补偿。如果甘肃某资源再利用有限公司未能履行补偿义务，H 公司有权要求 D 公司履行补偿义务"。四方当事人就甘肃某资源再利用有限公司 2008 年净利润不低于 3000 万元人民币的约定，仅是对目标企业盈利能力提出要求，并未涉及具体分配事宜；且约定利润如实现，甘肃某资源再利用有限公司及其股东均能依据公司法、合资经营合同、公司章程等相关规定获得各自相应的收益，也有助于债权人利益的实现，故并不违反法律规定。而四方当事人就甘肃某资源再利用有限公司 2008 年实际净利润完不成 3000 万元，H 公司有权要求甘肃某资源再利用有限公司及 D 公司以一定方式予以补偿的约定，则违反了投资领域风险共担的原则，使得 H 公司作为投资者，不论甘肃某资源再利用有限公司经营业绩如何，均能取得约定收益而不承担任何风险。

风险提示

对于企业来说，在进行投融资时要切记，首先，"对赌协议"不应成为投机行为，"对赌协议"条款本身的目的是规避投资风险，不是一夜暴富的捷径，不可急功近利。其次，"对赌协议"是投资协议，法律上对其没有特殊保护。在法律上，其表现为投资的法律关系，并不具有法律意义上的特殊性，因此也不能得到一些私募投资者所希冀的特殊保护。最后判决部分补偿条款无效，并不违反当事人意思自治的原则。企业主在进行投融资过程中要擦亮眼睛，时刻保持清醒。

法条链接

《中华人民共和国民法典》第五百零九条

《全国法院民商事审判工作会议纪要》（法〔2019〕254 号）

8. "对赌协议"无法履行后，违约方要承担责任

案例：A 公司诉 B 集团公司、C 公司合同纠纷案

案例简介

2016 年 5 月 31 日，原告深圳市 A 投资有限公司（以下简称 A 公司）与被告深圳 B 健康产业集团股份有限公司（以下简称 B 集团公司）和被告深圳市 C 妇幼医疗服务有限公司（以下简称 C 公司）共同签订《股权投资协议书》。三方约定，协议成立后，如任何一方违约致使本协议的目的无法实现，违约方应承担违约责任，给对方造成损失的应当支付赔偿金。

2016 年 6 月 15 日，A 公司将涉案款项 300 万元转账给 B 集团公司。2018 年 2 月 2 日，B 集团公司将其持有的 C 公司 1% 的股份转让给案外人深圳 B 企业管理咨询有限公司。

2019 年 7 月 22 日，A 公司向 B、C 两公司邮寄《股权投资协议书解除函》载明，C 公司未按约定在 2019 年 6 月 30 日前向中国证监会提交申请材料，完成 IPO；B 集团公司在其毫不知情的情况下将为 A 公司管理的 C 公司 1% 股权转给深圳 B 企业管理咨询有限公司，两公司

的行为严重违约，致使协议目的无法实现，合同无法继续履行。深圳市罗湖区人民法院于 2019 年 12 月 5 日判决：深圳 B 健康产业集团股份有限公司向原告深圳市 A 投资有限公司支付赔偿金 300 万元及利息（以 300 万元为基数，按照年利率 10% 的标准，自 2016 年 6 月 15 日起计至款项付清之日止）。

案例分析

《民法典》第五百零九条规定："当事人应当按照约定全面履行自己的义务。当事人应当遵循诚信原则，根据合同的性质、目的和交易习惯履行通知、协助、保密等义务。当事人在履行合同过程中，应当避免浪费资源、污染环境和破坏生态。"该条款明确规定了当事人应当按照约定全面履行自己的义务。本案 A 公司与两被告公司之间签订的协议系各方当事人的真实意思表示，属于有效合同。其中 B 集团公司违反了协议约定，A 公司主张 B 集团公司承担违约责任。C 公司 1% 的股权已在 2018 年 2 月 2 日由 B 集团公司转移给案外人，A 公司实际上已丧失对涉案股权的控制及获得股权利益的权利，它们之间关于股权回购的约定实际上已无法履行，根据《民法典》第五百六十三条规定："有下列情形之一的，当事人可以解除合同：（一）……（三）当事人一方迟延履行主要债务，经催告后在合理期限内仍未履行；（四）当事人一方迟延履行债务或者有其他违约行为致使不能实现合同目的……"原约定的合同条款实际上已经解除，A 公司未能提交证据证明 C 公司对无法履行合同的情况负有责任。

本案中，B 集团公司在未征得投资方 A 公司同意的情况下，将其代持的目标公司 1% 股权擅自转让给案外人，致使投资方丧失股权，导致"对赌协议"无法实际履行，应承担违约责任。在没有明确约定具体违约责任标准的情况下，可根据相关规定进行赔偿损失。目标公司 1% 股权上市后的权益是"对赌协议"履行后可获得的预期利益，在投资方无法举证证明该上市股权权益的具体价值时，可参照各方约定的股权回购价格认定协议签订时因违反合同可能造成的损失，但也要符合《民法典》第五百八十四条的规定："当事人一方不履行合同义务或者履行合同义务不符合约定，造成对方损失的，损失赔偿额应当相当于因违约所造成的损失，包括合同履行后可以获得的利益；但是，不得超过违约一方订立合同时预见到或者应当预见到的因违约可能造成的损失。"

🖊 风险提示

对赌协议中，在回购条款触发前，投资方实际持有目标公司股权，是其与目标公司之间"对赌协议"得以继续履行的必要条件。在任何一方出现违约行为导致"对赌协议"丧失履行基础的情况下，违约方承担的责任应包括合同履行后预期可获得的利益，在投资方无法举证证明该获利具体数额或标准时，可参照股权回购价格认定对赌协议签订时可以预见或应当预见到的因违反合同可能造成的损失。

法条链接

《中华人民共和国民法典》第五百零九条、第五百六十三条、第五百八十四条

9. 对赌形式一经选定不能随意变更，公司在选择时要慎重

案例：珠海某合伙企业与林某、上海某文化传播有限公司等与公司有关的纠纷案

案例简介

2017 年，珠海某合伙企业、上海某文化传播有限公司、林某、上海某文化传播有限公司其他股东杨某、李某、甲投资合伙企业（有限合伙）（以下简称甲合伙企

业）、上海乙投资管理合伙企业（有限合伙）（以下简称乙合伙企业）签署增资协议，约定：珠海某合伙企业以1000万元认购新增注册资本，对应上海某文化传播有限公司14.66%的股权。同时，各方签署补充协议，载明协议中的控股股东、实际控制人均指林某，团队股东指林某、杨某、李某。

2019年5月至11月，杜某多次与林某、李某讨论上海某文化传播有限公司重组方案，并发送重组方案版本以及涉及股权变更的股东会流程。2019年10月至11月，在杜某、乔某、林某、李某以及甲合伙企业、乙合伙企业负责人组成的投资人微信群中，各方协商并达成最终版本重组协议。协议鉴于部分载明：为补偿投资人股东及激励创始股东，各方同意依本协议的条款和条件对公司股权结构进行重组，内容涉及林某、李某将上海某文化传播有限公司部分股权以1元价格转让给珠海某合伙企业以及股权代持等。

2020年1月3日，珠海某合伙企业向上海某文化传播有限公司、林某发送通知函，要求后者对其进行现金补偿，金额844万元。因上海某文化传播有限公司、林某未履行，珠海某合伙企业遂诉至上海市黄浦区人民法院，请求上海某文化传播有限公司、林某履行前述现金补偿义务并支付逾期利息。

案例分析

《民法典》第五百一十五条规定："标的有多项而债务人只需履行其中一项的，债务人享有选择权；但是，法律另有规定、当事人另有约定或者另有交易习惯的除外。享有选择权的当事人在约定期限内或者履行期限届满未作选择，经催告后在合理期限内仍未选择的，选择权转移至对方。"第五百一十六条规定："当事人行使选择权应当及时通知对方，通知到达对方时，标的确定。标的确定后不得变更，但是经对方同意的除外。可选择的标的发生不能履行情形的，享有选择权的当事人不得选择不能履行的标的，但是该不能履行的情形是由对方造成的除外。"

本案中，协议约定选择权归属于珠海某合伙企业，其已经作出意思表示选定以股权补偿方式进行业绩调整，各方当事人之间的权利义务确定，各方受此拘束，不得随意进行更改。在选择之债规则项下，会产生"一经选择未经同意不得变更"的法律效果。选择权行使的主体原则上为债务人，法律另有规定、当事人另有约定或者另有交易习惯的除外；期满经催告未及时行权而使选择权转移。行使的方式为通知到达对方，标的确定。未经对方同意，经选定的标的不得变更。选择权行使的限制：不能选择不能履行的标的，对方造成的不能履行除外。

风险提示

对赌形式一经选定，未经对方同意不得变更。在可选择性对赌形式的情形中，判定当事人作出了何种选择，涉及意思表示作出主体、形式、时间点、场合等多种因素的考量，此时，各企业主要结合自身因素，综合考量，从而选择最符合企业真实情况及接受程度的对赌形式，谨慎对赌，及时行权，避免纠纷。

法条链接

《中华人民共和国民法典》第五百一十五条、第五百一十六条

二、合同合规

1. 签合同时"暗度陈仓"，公司这么做有风险

案例：李某某等合同诈骗案

📖 **案例简介**

　　某实业公司及李某某等人经营的企业利润亏损严重。该企业向银行贷款高达 30 多亿元。在资金链即将断裂的情况下，该企业找到宁波某公司洽谈并购事宜，在洽谈中，李某某夸大经营规模，虚构公司净资产，并虚假承诺未来三年可创造 8 亿—9 亿元的利润，骗取宁波某公司于当月与其签订交易价格为 20 亿元的《购买资产意向书》。之后，宁波某公司委托某证券股份有限公司、某律师（上海）事务所、某会计师事务所、北京某资产评估有限责任公司作为第三方中介机构，进驻某实业公司进行尽职调查。后经并购方、被并购方及中介机构三方合议，决定将某实业公司所有资金、人员、业务等下沉至其全资子公

司，由李某某实际控制的公司直接持有某实业公司供应链100%股份。为了获取赃款及分配股份，李某某等人商量，对供应链进行了多轮股改。为非法获取高额并购款，某实业公司及其下沉后的供应链成立以李某某、杨某、刘某为核心的并购三人小组，负责具体并购事宜。为提高公司估值，李某某要求供应链相关部门向第三方中介机构提供事先伪造的虚假的对关联公司的巨额应收账款等财务数据，并继续制造公司虚假业绩。另外，财务方面配合形成大量虚假财务数据。第三方中介机构根据李某某等人提供的虚假财务数据及冒充的关联公司负责人的虚假陈述作出了某实业公司供应链按收益法估值为21.8亿元的错误评估报告。宁波某公司与某实业公司供应链股改后的股东F公司等单位签订了《发行股份及支付现金购买资产协议书》等协议约定，宁波某公司以21.6亿元价格收购某实业公司供应链100%股份，李某某等人承诺并购完成后继续经营管理某实业公司供应链，并在三年内创造利润合计9.4亿元。至此，双方完成本次交易。

并购后，在宁波某公司进驻某实业公司供应链对财务情况进行核查并报警后，相关人员才供述了某实业公司供应链实际亏损，在并购过程中虚增利润，并购后无能力完成《业绩补偿协议》中的利润目标的事实。李某某由此被判处无期徒刑，其他被告人也相应获刑。

📝 案例分析

《刑法》第二百二十四条规定："有下列情形之一，以非法占有为目的，在签订、履行合同过程中，骗取对方当事人财物，数额较大的，处三年以下有期徒刑或者拘役，并处或者单处罚金；数额巨大或者有其他严重情节的，处三年以上十年以下有期徒刑，并处罚金；数额特别巨大或者有其他特别严重情节的，处十年以上有期徒刑或者无期徒刑，并处罚金或者没收财产：（一）以虚构的单位或者冒用他人名义签订合同的；（二）以伪造、变造、作废的票据或者其他虚假的产权证明作担保的；（三）没有实际履行能力，以先履行小额合同或者部分履行合同的方法，诱骗对方当事人继续签订和履行合同的；（四）收受对方当事人给付的货物、货款、预付款或者担保财产后逃匿的；（五）以其他方法骗取对方当事人财物的。"

本案中，某实业公司与李某某等人以非法占有为目的，通过与关联公司签订虚假贸易合同、虚增应收款及虚增利润的方式，隐瞒公司巨额亏损，在某实业公司供应链已经资不抵债的情况下，制造公司实力雄厚、具有强大盈利能力的假象，并向宁波某公司和"尽调机构"提供虚假的财务数据，找人冒充关联公司负责人欺骗"尽调机构"，使其作出错误的估值报告，促成交易。某实业公司供应链在并购期间的财务造假分为基础财务数据造假与利润造假，基础财务数据体现的是公司的资产，没有把历史的亏损如实体现在财务数据里面；在财务报表里面将公司的利润进行了虚增。诱骗宁波某公司以 21.6 亿元的虚高估值与其签订收购协议。李某某的行为，是典型的合同诈骗行为。

风险提示

合同诈骗罪是指以非法占有为目的，在签订、履行合同过程中，采取虚构事实或者隐瞒真相等欺骗手段，骗取对方当事人财物，数额较大的行为。随着我国市场经济的不断发展，各企业为了获得资本，不可避免地需要参与投融资、并购、上市等市场活动，并为此订立合同。在这些活动中，企业应当提供真实的信息，认真配合对方或第三方的尽职调查，只有这样才能获得真实合理的交易对价，如果在这其中弄虚作假，不仅会被撤销合同（《民法典》第一百四十九条规定："第三人实施欺诈行为，使一方在违背真实意思的情况下实施的民事法律行为，对方知道或者应当知道该欺诈行为的，受欺诈方有权请求人民法院或者仲裁机构予以撤销。"）或被起诉赔偿对应的损失，甚至可能会面临刑事处罚。

企业在签订合同时因欺诈而遭受损失时，应当积极行使撤销权。我国《民法典》第一百五十二条规定："有下列情形之一的，撤销权消灭：（一）当事人自知道或者应当知道撤销事由之日起一年内、重大误解的当事人自知道或者应当知道撤销事由之日起九十日内没有行使撤销权；（二）当事人受胁迫，自胁迫行为终止之日起一年内没有行使撤销权；（三）当事人知道撤销事由后明确表示或者以自己的行为表明放弃撤销权。当事人自民事法律行为发生之日起五年内没有行使撤销权的，撤销权消灭。"

法条链接

《中华人民共和国刑法》第二百二十四条

《中华人民共和国民法典》第一百四十九条、第一百五十二条

2. 做网络直播活动时，公司应防范合作主播违约风险

案例：上海某文化有限公司诉李某、某信息技术有限公司合同纠纷案

案例简介

被告李某原为原告某文化有限公司（以下简称某文化

公司）直播平台游戏主播，被告某信息技术有限公司（以下简称某信息公司）为李某的经纪公司。2018年2月，某文化公司、某信息公司及李某签订《主播独家合作协议》（以下简称《合作协议》），约定李某在某文化直播平台独家进行游戏直播和解说。《合作协议》约定，某信息公司擅自终止本协议或协议有效期内在直播竞品平台上进行相同或类似合作，或将已在某文化直播上发布的直播视频授权给任何第三方使用的，构成根本性违约，某信息公司应向某文化直播平台支付如下赔偿金：（1）某文化公司累计支付的合作费用；（2）5000万元人民币；（3）某文化公司为李某投入的培训费和推广费。主播李某承担连带责任。合作期为一年，从2018年3月至2019年3月。

2018年6月1日，某信息公司向某文化公司催讨欠付李某的两个月合作费用。截至2018年6月4日，某文化公司向李某直播累计支付2017年2月至2018年3月合作费用为111万元。2018年6月27日，李某发布微博称其将带领直播团队至某鱼直播平台进行直播，并公布了直播时间及房间号。2018年6月29日，李某在某鱼进行首播，某信息公司也发布该直播间链接。

2018年8月，某文化公司向人民法院提起诉讼，请求判令两被告支付原告违约金300万元。某信息公司不同意，并提出反诉请求：1.判令确认某文化公司、某信息公司、李某三方签订的《合作协议》于 2018 年 6 月 28 日解除；2. 判令某文化公司向某信息公司支付 2018 年 4 月至 6 月之间的合作费用 22.5 元；3. 判令某文化公司向某信息公司支付律师费 2 万元。

法院判决：一、某信息公司于判决生效之日起十日内支付某文化公司违约金 260 万元；二、李某承担连带清偿责任；三、某文化公司十日内支付某信息公司 2018 年 4 月至 2018 年 6 月的合作费用 18.6 元；四、驳回某信息公司其他反诉请求。

📝 案例分析

根据《民法典》第五百八十五条："当事人可以约定一方违约时应当根据违约情况向对方支付一定数额的违约金，也可以约定因违约产生的损失赔偿额的计算方法。约定的违约金低于造成的损失的，人民法院或者仲裁机构可以根据当事人的请求予以增加；约定的违约金过分高于造成的损失的，人民法院或者仲裁机构可以根据当事人的请求予以适当减少。当事人就迟延履行约定违约金的，违约方支付违约金后，还应当履行债务。"

在本案中，与某文化公司合作的游戏主播李某及其经纪公司某信息公司之间出现了矛盾，进而转至某鱼平台进行直播。案件相关分析如下。

第一，某文化公司与某信息公司、李某签订《合作协议》，自愿建立合同法律关系，而非李某主张的劳动合同关系。《合作协议》系三方的真实意思表示，不违反法律法规的强制性规定，应认定为有效，各方理应依约恪守。从《合作协议》的违约责任条款来看，该主播未经某文化公司同意在竞争平台直播构成违约，应当承担赔偿责任。

第二，某文化公司虽存在履行瑕疵但并不构成根本违约，某信息公司、李某并不能以此为由主张解除《合作协议》。且即便从解除的方式来看，合同解除的意思表示也应当按照法定或约定的方式明确无误地向合同相对方发出，李某在微博平台上向不特定对象发布的所谓"官宣"或直接至其他平台直播的行为，均不能认定是明确的合同解除的意思表示。因此，李某、某信息公司提出因某文化公司违约而已行使合同解除权的主张不能成立。

第三，对于公平、诚信原则的适用尺度，与因违约所受损失的准确界定，应当充分考虑网络直播这一新兴行业的特点。网络直播平台是以互联网为必要媒介、以主播为核心资源的企业，在平台运营中通常需要在带宽、主播上投入较多的前期成本，而主播违反合同在第三方平台进行直播的行为给直播平台造成损失的具体金额实际难以量化，如对网络直播平台苛求过重的举证责任，则有违公平原则。故本案违约金的调整应考虑网络直播平台的特点以及签订合同时对某文化公司成本及收益的预见性。本案中，考虑到主播李某在行业中享有很高人气和知名度，结合其收益情况、合同剩余履行期间、双方违约及各自过错大小、某文化公司能够量化的损失、某文化公司已对约定违约金作出的减让、某文化公司平台的现状等情形，根据公平与诚实信用原则以及直播平台与主播个人的利益平衡，酌情将违约金调整为260万元。

风险提示

移动互联网时代，直播兴起，很多企业可能涉及直播相关的法律纠纷。企业在与网络主播的合作中，一定要了解清楚相关情况，尽力规避各种风险。

而面对现实纠纷，主播或企业都可寻求法律帮助，以解决冲突。结合本案来说，网络主播违反约定的排他性合作条款，未经合作公司直播平台同意在其他平台从事类似业务的，应当依法承担违约责任。网络主播主张违约金过高，请求予以减少的，在实际损失难以确定的情形下，可根据网络直播行业特点，以网络主播从平台中获取的实际收益为参考基础，结合平台前期投入、平台流量、主播个体商业价值等因素合理酌定。

法条链接

《中华人民共和国民法典》第五百八十五条

3. 企业借款周转多留意，避免签订违法"借款合同"

案例：某小额贷款公司与某置业公司
借款合同纠纷抗诉案

案例简介

　　某置业公司与某小额贷款公司签订《借款合同》，约定：借款金额为1300万元；借款期限为90天，从2012年的11月23日起至2013年2月22日止；借款月利率15‰，贷款基准利率以人民银行规定利率的4倍为准，逾期罚息在借款利率基础上加收50%。同日，某置业公司（甲方）与某信息咨询服务部（乙方）签订《咨询服务协议》，约定：甲方邀请乙方协助甲方办理贷款业务，为甲方提供贷款相关手续的咨询服务，使甲方融资成功；融资成功后，甲方同意在贷款期内向乙方缴纳服务费78万元，超过首次约定贷款期限的，按月收取服务费，不足一个月按一个月收取，以贷款金额为标的，每月按20‰收取咨询服务费。

　　然后，某小额贷款公司按约向某置业公司支付 1300 万元，某置业公司当即通过转账方式向乙方支付咨询服务费 45.5 万元。其后，某置业公司又陆续向某小额贷款公司、乙方支付 508 万元。

　　2015 年，某小额贷款公司将某置业公司诉至法院，请求判令某置业公司偿还借款本金 1300 万元及约定的借期与逾期利息。一审法院认定，某小额贷款公司与某置业公司签订的《借款合同》合法有效，双方当事人均应按照合同约定履行各自义务，某小额贷款公司依约支付借款，某置业公司即应按照合同约定期限向某小额贷款公司偿还借款本息。法院判令某置业公司偿还某小额贷款公司借款本金与利息。双方当事人均未上诉，一审判决已生效。

　　但后来在检察机关的调查下发现，某小额贷款公司与某信息咨询服务部其实是"一套人马，两块牌子"，乙方负责人既是某信息咨询服务部负责人，也是某小额贷款公司出纳；调取银行流水，查明收到某置业公司咨询费后，最终将钱款转入某小额贷款公司账户；查阅某小额贷款公司财务凭证等会计资料，发现某小额贷款公司做账时，将每月收取的钱款分别做成利息与咨询费等。由此原审判决认定事实错误，应予纠正。当地检察院第五分院于 2020 年 10 月 26 日向当地中级人民法院提出抗诉：撤销一审判决；确认某小额贷款公司对某置业公司享有破产债权及利息。

案例分析

本案中，某小额贷款公司的行为是在违规发放贷款。从表面上看，此类小额贷款公司通过设立关联公司，要求借款人与关联公司订立咨询、中介等服务合同，收取咨询、管理、服务、顾问等费用，但实际上是预先扣除借款本金、变相收取高额利息。根据《民法典》第六百七十条规定："借款的利息不得预先在本金中扣除。利息预先在本金中扣除的，应当按照实际借款数额返还借款并计算利息。"同时针对放高利贷的行为，《民法典》第六百八十条也有明确规定，"禁止高利放贷，借款的利率不得违反国家有关规定。借款合同对支付利息没有约定的，视为没有利息。借款合同对支付利息约定不明确，当事人不能达成补充协议的，按照当地或者当事人的交易方式、交易习惯、市场利率等因素确定利息；自然人之间借款的，视为没有利息"。某小额贷款公司的上述行为其实是在规避行业监管，变相收取高额利息，扰乱了国家金融秩序与金融市场。

一审判决中，法院并未能很好地深入调查某小额贷款公司的真实情况，仅凭合同判决借款人某置业公司违约，偿还某小额贷款公司借款本金与利息，认定事实错误。检察院深入调查后进行了抗诉，还原了事实真相。之后，法院作出了公正的判决。

风险提示

社会中，一部分小额贷款公司背离有效配置金融资源，引导民间资本满足实体经济、服务"三农"、小微型企业、城市低收入者等融资需求的政策初衷，违背"小额、分散"原则，违法违规放贷，甚至违背国家房地产调控措施，以首付贷、经营贷等形式违规向买房人放贷。这不仅增加自身经营风险，而且加大金融杠杆，增大金融风险，乃至危及国家金融安全。

各企业主在遇到需要借款贷款的情况时，也一定要对借款公司做好前期调查，确定了解到位后再签署合同。同时，在与贷款公司签订《借款合同》过程中，也要留意贷款公司是否存在利息从本金中"预先扣除"等违反合同法律相关规定的行为，进而有效防范风险，避免落入违法违规放贷人的圈套之中，保护企业的合法权益。

法条链接

《中华人民共和国民法典》第六百七十条、第六百八十条

《中华人民共和国民事诉讼法》第二百一十五条

《人民检察院民事诉讼监督规则》第三十七条、第九十条

三、知识产权合规

1. 拼凑商标去"搭便车"也构成侵权

案例：鞋业公司诉服饰公司侵害商标权纠纷

📖 案例简介

某鞋业公司系皮革制品、服饰、鞋材辅料等生产、销售企业，成立于 2007 年。2012 年 1 月 27 日，某鞋业公司通过受让方式取得了核定使用商品为皮鞋的注册商标。有效期自 2006 年 11 月 28 日起至 2016 年 11 月 27 日止，后经核准续展注册有效期至 2026 年 11 月 27 日。2003 年 9 月，该商标被温州市中级人民法院民事判决认定为驰名商标。2005 年 5 月，该商标被浙江省高级人民法院在（2005）浙民三终字第 59 号民事判决认定为驰名商标。2008 年 3 月，该商标被原国家工商行政管理总局商标评审委员会认定为驰名商标。

某服饰公司成立于 2010 年 12 月 3 日，经营范围为服装和鞋帽批发、零售。某鞋类官方旗舰店系某服饰公司开设在电商平台上的网络店铺。2020 年 7 月 20 日，某鞋业公司发现某鞋类官方旗舰店销售的"夏季男士凉鞋、镂空皮鞋、真皮休闲凉皮鞋、透气洞洞鞋、牛皮中老年爸爸鞋"，其鞋盒、鞋面、鞋垫标识使用蜻蜓图形存在侵权。某服饰公司确认该实物产品为其所销售。

📝 案例分析

根据《商标法》第十三条第一款、第二款规定："为相关公众所熟知的商标，持有人认为其权利受到侵害时，可以依照本法规定请求驰名商标保护。就相同或者类似商品申请注册的商标是复制、摹仿或者翻译他人未在中国注册的驰名商标，容易导致混淆的，不予注册并禁止使用。"某鞋业公司与某服饰公司侵害商标权纠纷案中，某服饰公司在电商平台上销售的皮鞋商品，标注有与某鞋业公司持有的驰名商标相似的标识，虽然该标识并非摹仿自某鞋业公司驰名商标，但是通过朴素的认知，可得出该标识客观上存在可能误导公众的结论。驰名商标保护制度的初衷是加强保护而非限制保护。被控侵权产品鞋盒、鞋面、鞋内垫标注的蜻蜓标识均清晰显著，起到识别商品来源的作用，属于商标使用行为。被控侵权蜻蜓标识与某鞋业公司的商标构成近似商标。被控侵权产品为鞋，与涉案商标核定使用商品中的鞋属于相同商品，且某鞋业公司确认该产品非其生产或授权生产，因此某服饰公司的产品属于未经许可在相同商品上使用近似商标且易导致混淆的侵权产品。某服饰公司销售涉案侵权产品构成商标侵权，应当承担相应的民事责任。

🖊 风险提示

　　侵权商品的生产商某服饰公司选择使用和某鞋业公司驰名商标非常类似的蜻蜓图案，将其印制在侵权商品及包装表面。同时，侵权商品还标注有其他两种注册商标，三种标识作为一组"拼凑商标"使用，蜻蜓图案作为"拼凑商标"的中心部分，明显具有区分商品来源的作用。对侵犯注册商标专用权行为构成要件采两要件法，即商业性使用和混淆。第三方未经许可而在贸易活动中使用与注册商标相同或近似的标记去标示相同或类似的商品或服务，被视为一种可能造成混淆的行为。如果确将相同标记用于相同商品或服务，即应推定已有混淆之虞。从这方面看，本案侵权商品存在"傍名牌""搭便车"之嫌。企业在市场竞争中要注意，使用相似或是部分使用他人商标也可能构成侵权，所以一定不要为了取巧去"搭便车"而面临侵权风险。

🔨 法条链接

《中华人民共和国商标法》第十三条

《最高人民法院关于审理商标民事纠纷案件适用法律若干问题的解释》第一条

2. 注册商标受法律保护，"蹭热度"销售仿冒品绝不可取

案例：廖某等人销售假冒注册商标的商品案

📖 案例简介

廖某与 G 信息科技有限公司签订合作协议，成为该公司签约主播，并由该公司配备人员组建直播团队，在某电商平台以直播方式为网店商家营销商品。廖某直播团队先后与多家网店合作，通过该电商平台以直播方式为上述网店销售假冒"D×××""C×××""L×××"等商标的服装、饰品、手表等商品，销售金额共计人民币 67 万余元。

法院以销售假冒注册商标的商品罪判处廖某有期徒刑三年四个月，并处罚金人民币四十万元；其余 5 名被告人分别被判处三年二个月至二年不等有期徒刑，并处罚金人

民币五万元至五千元不等，部分被告人适用缓刑。关联售假商家人员共计 39 人以销售假冒注册商标的商品罪分别被判处有期徒刑三年八个月至拘役五个月不等。

案例分析

根据《刑法》第二百一十四条的规定，销售明知是假冒注册商标的商品，违法所得数额较大或者有其他严重情节的，处三年以下有期徒刑，并处或者单处罚金；违法所得数额巨大或者有其他特别严重情节的，处三年以上十年以下有期徒刑，并处罚金。

本案系通过直播的方式销售假冒注册商标的商品。"直播带货"作为新型电商营销模式，通过流量"变现"带来巨大经济效益，带动了网络经济的蓬勃发展。但与此同时，利益诱惑之下的刷单炒信、虚假宣传、侵权售假等不正当竞争行为也逐渐显现，给直播电商行业带来冲击。与通过实体店铺或者网店销售商品的传统模式相比，直播带货的销售模式具有"即时性""受众广""带货和发货分离"等特点。

通过直播的方式销售侵权商品，不仅损害了注册商标权利人及消费者的合法权益，还扰乱了正常的市场竞争秩序。本案中，为维护网络营销的安全和秩序，检察机关深挖售假主播背后的产业链条，对售假商家等上游犯罪进行全链条打击。

本案也警示直播电商企业，合规经营是直播营销新业态健康发展的基石。直播电商企业具有刑事合规风险，企业应当主动健全相关机制，明确破坏竞争秩序行为刑事制裁的边界，在经营过程中要牢固树立合规意识，公平公正参与竞争，从而防范企业法律风险，以实现持续健康发展。网络直播营销主体也应当切实遵守法律和商业道德，公平参与市场竞争，营造良好的网络营销环境。

风险提示

注册商标系生产经营者生产产品或者提供服务的质量标志，是企业的无形资产，关系着企业的商业信誉以及消费者在选择产品或者服务时的切身利益。对于未经授权的盗用、冒用注册商标的不正当竞争行为，除了行政司法机关予以法律手段规制保护以外，企业自身也应当充分重视对商标的注册和保护，建立长效的商标保护机制，未雨绸缪防范风险产生。

法条链接

《中华人民共和国刑法》第二百一十四条

《最高人民法院、最高人民检察院关于办理侵犯知识产权刑事案件具体应用法律若干问题的解释》第九条第二款

《最高人民法院、最高人民检察院关于办理侵犯知识产权刑事案件具体应用法律若干问题的解释（二）》

《最高人民法院、最高人民检察院关于办理侵犯知识产权刑事案件具体应用法律若干问题的解释（三）》

《最高人民法院关于审理侵害知识产权民事案件适用惩罚性赔偿的解释》

3. 商业秘密遭侵犯成公司创新绊脚石

案例：金某侵犯商业秘密案

案例简介

温州某科技有限公司（以下简称某公司）自1997年开始研发超薄型平面放大镜生产技术，研发出菲涅尔放大镜批量生产的制作方法——耐高温抗磨专用胶板、不锈钢板、电铸镍模板三合一塑成制作方法和镍模制作方法，后将胶板、模板、液压机分别交给三家供应商生产。

金某于2005年应聘到某公司工作，双方签订劳动合同，最后一次合同约定工作期限为2009年7月16日至2011年7月16日。其间，金某先后担任业务员、销售部经理、副总经理，对菲涅尔超薄放大镜制作方法有一定了解，并掌握设备供销渠道、客户名单等信息。金某与某公司签订有保密协议，其承担保密义务的信息包括技术信息和经营信息等。并约定劳动合同期限内、终止劳动合同后两年内及上述保密内容未被公众知悉期内，不得向第三方公开上述保密内容。

2011 年年初，金某从某公司离职，当年 3 月 24 日以其姐夫应某甲、应某乙的名义成立菲涅尔公司，该公司 2011 年度浙江省地方税（费）纳税综合申报表载明金某为财务负责人。菲涅尔公司成立后随即向上述三家供应商购买与某公司相同的胶板、模具和液压机等材料、设备，使用与某公司相同的工艺生产同一种放大镜进入市场销售，造成某公司经济损失人民币 122 万余元。

人民法院以侵犯商业秘密罪判处金某有期徒刑一年六个月，并处罚金 70 万元。

案例分析

根据《反不正当竞争法》第九条第四款对商业秘密的定义，商业秘密具有三大特性即价值性、秘密性、保密性。价值性指该信息能给权利人带来商业价值；秘密性一般指该信息不为其所属领域相关人员普遍知悉和容易获得；保密性则指的是权利人针对该信息采取了严密的保密措施，在正常情况下足以防止商业秘密泄露。可见，保密性是商业秘密三大特性中的基石，如不采取适当的保密措施，极易使相关信息丧失秘密性，从而损害其价值性。

商业秘密犹如冰山在海面下的部分，虽然不显山不露水，但是在现代企业竞争当中往往更加重要。研发成果被盗、产品配方外泄、员工"携密"跳槽……商业秘密遭侵犯成为企业创新"绊脚石"。法律之所以保护商业秘密，就是要激励和鼓励企业创新。如果对商业秘密侵权行为放纵，容易挫伤企业创新积极性，阻碍技术进步和经济社会的发展。

随着互联网、云储存、大数据和人工智能等新兴技术的兴起，盗用商业秘密成本显著降低，不法行为日益猖獗，部分企业商业秘密保护意识偏低，商业秘密纠纷不断发生。而商业秘密保护难、周期长、证明难、成本高，是目前全球范围内普遍存在的问题。该怎样保护企业"不能说的秘密"？

企业针对其商业秘密可以采取的保密措施不一而足，《最高人民法院关于审理侵犯商业秘密民事案件适用法律若干问题的规定》第六条也为企业提供了保密措施方面的实操指引，具体包括：（一）签订保密协议或者在合同中约定保密义务；（二）通过章程、培训、规章制度、书面告知等方式，对能够接触、获取商业秘密的员工、前员工、供应商、客户、来访者等提出保密要求；（三）对涉密的厂房、车间等生产经营场所限制来访者或者进行区分管理；（四）以标记、分类、隔离、加密、封存、限制能够接触或者获取的人员范围等方式，对商业秘密及其载体进行区分和管理；（五）对能够接触、获取商业秘密的计算机设备、电子设备、网络设备、存储设备、软件等，采取禁止或者限制使用、访问、存储、复制等措施；（六）要求离职员工登记、返还、清除、销毁其接触或者获取的商业秘密及其载体，继续承担保密义务。

🖋 风险提示

商业秘密作为企业的核心竞争力，凝聚了企业在社会活动中创造的智力成果，关系到企业生存与发展。依法保护商业秘密是国家知识产权战略的重要组成部分。建议企业对商业秘密进行分级管理，根据不同的密级采取适当的保密措施，确保保密措施与商业秘密的商业价值相适应。

⚖ 法条链接

《中华人民共和国刑法》第二百一十九条

《中华人民共和国反不正当竞争法》第九条

《最高人民法院关于审理侵犯商业秘密民事案件适用法律若干问题的规定》

4. 公司公众号发文使用名画演绎作品，要当心侵权

案例：某网络科技有限公司侵害作品信息网络传播权纠纷案

案例简介

自 2017 年起，曾某将熊猫×× 与生活、电影、名画相结合，创作出了熊猫×× 系列插画，并出版了《当×× 遇上中外名画》等书，该书在几大电商平台上均有销售。"熊猫××"美术形象还入选微信表情库，其系列周边衍生品也深受人民喜爱，具有较大的影响力。2019 年 11 月，曾某将专有使用权独占许可给了某文化传播公司。后来，某文化传播公司认为，某网络科技有限公司未经其许可，就在自己主办的微信公众号上发表文章《前方高萌预警 熊猫×× 玩坏世界名画》，这篇文章使用某文化传播公司享有专有使用权的动态插画作品 23 张；上述行为侵犯了某文化传播公司享有的信息网络传播权。某文化传播公司要求某网络科技有限公司连续 48 小时在其微信公众号首页上作出赔礼道歉、消除影响的声明，并赔偿原告经济损失66000 元及合理支出费用 3000 元。

案例分析

根据《著作权法》第十条第十二项规定，信息网络传播权，即以有线或者无线方式向公众提供，使公众可以在其选定的时间和地点获得作品的权利。根据第十三条规定，改编、翻译、注释、整理已有作品而产生的作品，其著作权由改编、翻译、注释、整理人享有，但行使著作权时不得侵犯原作品的著作权。

涉案23张熊猫××系列图片是曾某在中外名画基础上的再创作，画面整体构图、配色虽参考名画，但在熊猫的构图、角色替换、动态姿势上仍可体现曾某独特的判断与选择，具有一定的独创性。同时由于涉案作品参考的系列名画均超过著作权保护期，已经进入公有领域，使用该作品创作演绎新的作品不再需要任何人的同意。因此，熊猫××系列属改编作品，曾某作为涉案作品的作者，享有著作权，有权将该作品的信息网络传播权授予原告某文化传播公司。某文化传播公司经授权许可，获得相应的著作权。涉案文章使公众可以在其个人选定的时间和地点获得涉案作品，且该侵权行为延续至原告文化传播公司取得授权后，侵害了文化传播公司对涉案作品享有的信息网络传播权，应当承担相应的侵权责任。

风险提示

互联网时代，大量诸如名画改编等加入作者独创性智慧凝结的演绎作品，凭借或诙谐幽默，或通俗易懂的表达，在互联网上快速传播。作者在中外名画、电影海报等基础上的再创作，投入了其创造性智力劳动，画面整体构图、配色虽有所参考，但在熊猫的构图、角色替换、动态姿势上仍可体现作者独特的判断与选择，应对作为智力劳动成果的作品享有著作权，因此认定涉案图片具有独创性，属于演绎作品。企业在微信公众号发表文章时若使用类似改编的图片作品，一定要多加留意，不然很可能因侵权而导致承担赔偿责任。

法条链接

《中华人民共和国著作权法》第十条、第十三条

《最高人民法院关于审理著作权民事纠纷案件适用法律若干问题的解释》第七条

5. 混淆知名商标误导消费者，也构成商标侵权

案例："小某才"科技公司诉某电子公司侵害商标权纠纷

案例简介

　　某科技公司注册了核定使用商品包括手表、电子钟表的商标"小某才"，有效期自 2015 年 7 月至 2025 年 7 月；同时，商标核定使用商品为智能手表（数据处理）等，有效期自 2017 年 5 月至 2027 年 5 月。某科技公司通过自产自销和授权经销的方式制造、销售"小某才"品牌儿童手表，经过持续宣传使用，注册商标"小某才"在全国范围内具有较高的知名度。

　　陈某经核准注册商标"儿童星小某才"，核定使用商品为智能手表（数据处理）等，有效期自 2017 年 9 月至 2027 年 9 月。2019 年 8 月，该商标经核准转让给黄某勇。陈某、黄某勇均出具商标使用授权书，授权某电子公司使用。某电子公司在天猫平台开设专营儿童智能手表的品牌旗舰店和数码专营店。儿童星小某才品牌旗舰店店名使用"儿童星小某才"；两家网店展示售卖的商品名称为"儿童星小某才"儿童智能手表；旗舰店首页标注，数码专营店首页商品图片的左上角标注。某科技公司从上述两家网

店公证购买的儿童智能手表外包装盒均标注"儿童星小某才"。旗舰店宝贝排行榜排名前面的五款智能手表共售出 20029 笔；数码专营店宝贝排行榜排名前面的五款智能手表共售出 31947 笔。

案例分析

根据《商标法》第五十七条第（二）项的规定，未经商标注册人的许可，在同一种商品上使用与其注册商标近似的商标，或者在类似商品上使用与其注册商标相同或者近似的商标，容易导致混淆的，属侵犯注册商标专用权。同时，根据该法第五十八条的规定，将他人注册商标、未注册的驰名商标作为企业名称中的字号使用，误导公众，构成不正当竞争行为的，依照《反不正当竞争法》处理。根据《反不正当竞争法》第六条第（一）项的规定，经营者不得实施擅自使用与他人有一定影响的商品名称、包装、装潢等相同或者近似的标识，引人误认为是他人商品或者与他人存在特定联系的混淆行为。

本案的两个注册商标均系艺术化设计后的"小某才"文字，先天具有一定的显著性；某科技公司在儿童智能手表领域具有较高的声誉，其享有的涉案商标经过持续的使用和宣传，为相关公众所熟知，知名度较高。某电子公司使用的"儿童星小某才"包含"小某才"三个字，且突出使用"小某才",对于相关公众而言,被诉侵权标识的识别性主要来自"小某才"。注册商标"小某才"在儿童智能手表领域享有较高的知名度,相关公众对其的认知度较高,施以一般注意力,容易导致被诉侵权标识与"小某才"商标发生混淆,误以为某电子公司与某科技公司存在关联。某电子公司未经某科技公司许可,在同一种商品智能手表上使用与注册商标近似的标识用于广告宣传,容易导致混淆,侵害注册商标专用权,应依法承担停止侵害、赔偿损失等民事责任。

风险提示

注册商标的专用权,以核准注册的商标和核定使用的商品为限。他人不得以改变显著特征、拆分、组合等方式使用注册商标。改变商标显著特征的具体表现形式为拆分、组合注册商标、突出使用部分图形商标、在文字商标中增加文字、变更文字商标的大小等。因为文字商标,如前所述,其显著特征来自"小某才"文字本身。虽然未指定颜色,但因使用的颜色、字体、排列均具有一定的设计感,会对消费者的视觉效果造成较大的冲击。特别是被诉侵权商品为儿童智能手表,对于目标消费人群儿童而言,使用的颜色搭配更加鲜艳、生动,其显著性不仅来自文字本身,还来自整体视觉效果。

法条链接

《中华人民共和国商标法》第五十七条、第五十八条

《中华人民共和国反不正当竞争法》第六条

6. 平台经营者应承担审核、监管义务

案例：某协会诉某公司著作权侵权案

案例简介

网络主播在某公司经营的直播平台进行在线直播，其间播放了歌曲《恋人心》（播放时长 1 分 10 秒）。直播结束后，主播将直播过程制作成视频并保存在某鱼直播平台上，观众可以通过直播平台进行观看和分享。网络主播与某公司签订的《直播协议》约定，主播在直播期间产生的所有成果均由某公司享有全部知识产权。中国音乐著作权协会经歌曲《恋人心》的词曲作者授权，可对歌曲《恋人心》行使著作权。中国音乐著作权协会认为，某公司侵害了其对歌曲享有的信息网络传播权，请求法院判令被告赔偿著作权使用费 3 万元及律师费、公证费等合理开支 12600 元。

案例分析

根据《著作权法》第五十三条第一项的规定，未经著作权人许可，复制、发行、表演、放映、广播、汇编、通过信息网络向公众传播其作品的，本法另有规定的除外，应当根据情况，承担本法第五十二条规定的民事责任；侵权行为同时损害公共利益的，由主管著作权的部门责令停止侵权行为，予以警告，没收违法所得，没收、无害化销毁处理侵权复制品以及主要用于制作侵权复制品的材料、工具、设备等，违法经营额五万元以上的，可以并处违法经营额一倍以上五倍以下的罚款；没有违法经营额、违法经营额难以计算或者不足五万元的，可以并处二十五万元以下的罚款；构成犯罪的，依法追究刑事责任。同时，根据《最高人民法院关于审理侵害信息网络传播权民事纠纷案件适用法律若干问题的规定》第八条的规定，人民法院应当根据网络服务提供者的过错，确定其是否承担教唆、帮助侵权责任。网络服务提供者的过错包括对于网络用户侵害信息网络传播权行为的明知或者应知。网络服务提供者未对网络用户侵害信息网络传播权的行为主动进行审查的，人民法院不应据此认定其具有过错。网络服务提供者能够证明已采取合理、有效的技术措施，仍难以发现网络用户侵害信息网络传播权行为的，人民法院应当认定其不具有过错。

在本案中：首先，某鱼平台主播不应是被诉侵权行为的侵权主体。其次，某公司并不是通常意义上的网络服务提供者，其不仅是网络服务的提供者，还是平台上音视频产品的所有者和提供者，并享有这些成果所带来的收益，在这种情况下，尽管其在获悉涉案视频存在侵权内容后及时删除了相关视频，也不能就此免责。最后，海量的注册用户及直播的即时性和随意性亦不能成为某公司的免责理由，不能援引《最高人民法院关于审理侵害信息网络传播权民事纠纷案件适用法律若干问题的规定》第八条第二款、第三款之规定免责。综合以上三点，某公司应对其平台上的涉案视频承担相应的侵权责任。

风险提示

20 世纪 90 年代末，避风港规则的出现为网络服务提供者提供了额外的保护，免除互联网平台内容审查的要求，推动互联网产业的创新发展。然而，互联网平台在给社会公众带来获取作品便利的同时，也使得侵权作品的传播速度更快、影响范围更大。同时，平台经营者从中间人到管理者的角色转变使得平台业已偏离了避风港规则预设的"被动的、工具性的、中立的"网络服务提供者的形象，而是成为通过技术匹配供需关系，建立信用制度，进而提供更深入的管理和服务的市场"巨无霸"。平台功能和角色的转变必然会导致平台义务的变革。

《消费者权益保护法》《食品安全法》《电子商务法》等赋予平台经营者更重的管理义务，也意味着平台应当拥有更为广泛的管理权力。既然某公司与每一位在平台上注册的直播方约定直播方在直播期间的所有成果的全部知识产权及相关收益均由某公司享有，那么其当然应对直播成果的合法性负有更高的注意义务和审核义务。况且，海量用户的存在还会带来巨大的影响和收益，某公司不应一方面享受利益，另一方面又以直播注册用户数量庞大及直播难以监管而逃避审核、放弃监管，放任侵权行为的发生，拒绝承担与其所享有的权利相匹配的义务。因此，海量的注册用户及直播的即时性和随意性亦不能成为某公司的免责理由。

法条链接

《中华人民共和国著作权法》第四十四条、第五十三条

《最高人民法院关于审理侵害信息网络传播权民事纠纷案件适用法律若干问题的规定》第八条

7. 使用视听作品点播获益，应警惕侵权风险

案例：某公司诉某酒店侵害作品信息网络传播权案

案例简介

某酒店 1035 房间电视可通过其自有电视主界面进入下方电影世界—新片上映，搜索电影《功夫瑜伽》后，点击进入观影购买界面，点击"购买播放"，进入观影界面，用电视遥控器随机选择影片的部分片段进行观看；《功夫瑜伽》在某酒店内点播需要支付费用，付费方式为所有电影从购买播放之时起 24 小时内任意观看，仅计费一次，包天价 48 元。国家版权局网站于 2017 年 1 月 25 日发布 2017 第二批重点作品版权保护预警名单，影片《功夫瑜伽》列于其中。该影片在中国大陆范围内的专有信息网络传播权由某公司享有。某公司起诉至法院，要求某酒店立即停止对某公司著作权的侵害，停止在其酒店客房点播系统提供作品《功夫瑜伽》的在线播放业务；赔偿经济损失以及合理费用共计 30 万元。

案例分析

根据《著作权法》第十条第一款第（十二）项的规

定，信息网络传播权，即以有线或者无线方式向公众提供，使公众可以在其选定的时间和地点获得作品的权利。同时，该法第四十八条规定，电视台播放他人的视听作品、录像制品，应当取得视听作品著作权人或者录像制作者许可，并支付报酬；播放他人的录像制品，还应当取得著作权人许可，并支付报酬。

《功夫瑜伽》属于电影作品。某公司是适格的原告。某酒店的行为构成侵犯作品信息网络传播权。某公司提交的材料显示，在某酒店房间内可以通过付费方式观看电影《功夫瑜伽》，此种通过网络向不特定公众提供涉案电影的观看服务、使公众能够在其个人选定的时间和地点登录点播平台获得作品的行为构成侵害作品信息网络传播权。某酒店作为直接经营主体，在其客房内为住客提供涉案影片的点播播放，使住客能够在酒店提供的入住服务中直接获得涉案影片，并以此获利，该行为显然构成侵权，其与案外人 S 公司的合同关系不影响此种侵权行为的性质认定，其亦可通过另案诉讼进行救济。

风险提示

伴随着互联网的快速发展，酒店行业也在不断提高自身的品质，通过增加服务内容、改变服务方式来吸引更多的消费者。由于知识产权具有无形性的特点，酒店在经营过程中涉及侵害知识产权的风险也在不断增加，其中又以著作权侵权最为典型和复杂。酒店在客房内提供视频点播服务并获取收益分成，具有主观过错，客观上使住宿人员可以在选定的时间和地点获取视频，因此侵害了著作权人的信息网络传播权。

随着"三网融合"的发展，不断有酒店更新设备开通数字电视服务，观众通过遥控器可自行"点播"电影等节目。酒店经营者将作品上传至向住宿人员开放的局域网服务器后，只要作品本身没有删除以及网络服务器保持开机和联网状态，住宿人员就可以在酒店内的任何一台联网的电视机上任何一个时间点，欣赏视频。因此，酒店提供视频点播服务的行为侵害了著作权人的信息网络传播权。

法条链接

《中华人民共和国著作权法》第十条、第四十八条

8. 蹭其他公司名称和字号进行商业活动，构成侵权

案例：北京 A 公司诉杭州 A 公司擅自使用他人企业名称案

案例简介

北京 A 公司于 2015 年 3 月 20 日成立，经营范围包括：技术开发、软件开发、软件咨询、数据处理、从事互联网文化活动等。北京 A 公司获得不同主体颁发的各项荣誉称号及奖项，产品"A"App 在腾讯应用宝上下载量高达 17 亿次，且公司对其商标和企业字号进行了大量使用和宣传。杭州 A 公司于 2018 年 1 月 18 日成立，经营范围包括：技术开发、互联网技术、"互联网＋"跨界整合整体服务等。北京 A 公司通过"某同城"网络平台搜索杭州 A 公司，出现杭州 A 公司企业信息、经营范围等以及招聘信息，招聘职位包括淘宝美工、产品审核、网络服务等。北京 A 公司认为杭州 A 公司使用"A"字号，构成不正当竞争。遂诉至法院，要求杭州 A 公司变更企业名称，登报赔礼道歉、消除影响，并赔偿经济损失及合理费用。

下篇　企业外部合规与风险防范

案例分析

根据《反不正当竞争法》第六条的规定，经营者不得擅自使用他人有一定影响的企业名称（包括简称、字号等）、社会组织名称（包括简称等）、姓名（包括笔名、艺名、译名等），不得实施其他足以引人误认为是他人商品或者与他人存在特定联系的混淆行为。

北京 A 公司的"A"字号属于为相关公众所知悉的企业名称和字号。成立在后的杭州 A 公司在与北京 A 公司重合的经营范围内使用该名称进行运营，开展该领域电子产品的研发，并将对此进行市场宣传，应当知晓上述行为易使相关公众产生混淆，或误导相关公众认为两者具有关联，却未合理避让，使用与北京 A 公司的企业名称相同的词语作为字号，具有明显攀附北京 A 公司知名度的故意，构成不正当竞争。杭州 A 公司经营范围与北京 A 公司虽非完全一致，但都包含技术开发、技术推广、技术转让、技术服务等领域，且已实际从事研发运营，因而认定两主体在上述领域内具有竞争关系。

风险提示

经营者之间是否存在《反不正当竞争法》意义上的竞争关系，并不仅仅取决于经营者是否经营相同的产

189

品，还取决于经营者在相关的经营活动中是否存在竞争关系。北京 A 公司和杭州 A 公司均为互联网行业的经营者，经营着与互联网相关的服务与产品，故二者存在竞争关系。在北京 A 公司的企业名称是否属于具有一定影响力的企业名称的判定上，企业字号与商标均承载着企业的经营价值，当企业字号与其产品商标相同时，两者的知名度与美誉度会相互影响。本案中，"A" App 的"A"商标已具有相当高的知名度和影响力，并在消费者心中形成与特定企业特定产品的联系，应属"具有一定的市场知名度、为相关公众所知悉的企业名称中的字号"。杭州 A 公司作为同行业竞争者，明知北京 A 公司企业名称及字号享有较高知名度，仍擅自将"A"作为企业字号登记注册并商业使用，主观上有明显利用"A"字号在市场及相关公众心目中的良好品牌形象和声誉、牟取不当利益的意图，客观上导致公众对两者产品或服务的市场主体或来源产生混淆。

法条链接

《中华人民共和国反不正当竞争法》第六条

9. 公司应加强品牌维护，避免商标和商誉被不当使用

案例：王某吉、加某宝知名商品特有名称、包装、装潢纠纷

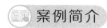 案例简介

1995 年，H 集团与 G 集团签订了商标使用许可合同，取得商标生产销售带有"王某吉"三个字的红色纸包装和罐装清凉茶饮料的独家使用权。1997 年，陈 H 被国家专利局授予外观设计专利证书，获得外观设计名称为"罐帖"的"王某吉"外观设计专利。1998 年，H 集团投资成立东莞加某宝食品饮料有限公司，后更名为广东加某宝饮料食品有限公司。2000 年，G 集团与 H 集团签订商标许可协议，约定 H 集团使用"王某吉"注册商标生产销售红色罐装及红色瓶装王某吉凉茶，双方约定许可的性质为独占许可，许可期限自 2000 年 5 月 2 日起至 2010 年 5 月 2 日止。加某宝中国公司成立于 2004 年 3 月，属于加某宝集团关联企业。加某宝中国公司成立后开始使用前述"王某吉"商标生产红色罐装凉茶（罐身对称两面从上至下印有"王某吉"商标）。通过 H 集团及其关联公司长期

多渠道的营销、公益活动和广告宣传，培育红罐"王某吉"凉茶品牌，并获得众多荣誉，罐装"王某吉"凉茶饮料在 2003 年被广东省佛山市中级人民法院认定为知名商品，"王某吉"罐装凉茶的装潢被认定为知名商品包装装潢；罐装"王某吉"凉茶多次被有关行业协会等评为"最具影响力品牌"；根据中国行业企业信息发布中心的证明，罐装"王某吉"凉茶在 2007—2012 年度均获得市场销量或销售额的第一名等。2010 年 8 月 30 日，G集团向 H 集团发律师函，提出李某某签署的两份补充协议无效。2011 年 4 月，G 集团向中国国际经济贸易仲裁委员会（贸仲）提出仲裁请求。2012 年 5 月 9 日，中国国际经济贸易仲裁委员会对 G 集团与 H 集团之间的商标许可合同纠纷作出终局裁决：（一）"王某吉"商标许可补充协议和关于"王某吉"商标使用许可合同的补充协议无效；（二）H 集团停止使用"王某吉"商标。由此，G 集团与加某宝中国，从商标权到广告语，再到红罐包装，开启了旷日持久的商业竞争及官司纠纷。

案例分析

根据《反不正当竞争法》第八条的规定，经营者不得对其商品的性能、功能、质量、销售状况、用户评价、曾获荣誉等作虚假或者引人误解的商业宣传，欺骗、误导消费者。根据《最高人民法院关于适用〈中华人民共和国反不正当竞争法〉若干问题的解释》第四条的规定，具有一定的市场知名度并具有区别商品来源的显著特征的标识，人民法院可以认定为反不正当竞争法第六条规定的"有一定影响的"标识。人民法院认定反不正当竞争法第六条规定的标识是否具有一定的市场知名度，应当综合考虑中国境内相关公众的知悉程度，商品销售的时间、区域、数额和对象，宣传的持续时间、程度和地域范围，标识受保护的情况等因素。第十七条规定，经营者具有下列行为之一，欺骗、误导相关公众的，人民法院可以认定为反不正当竞争法第八条第一款规定的"引人误解的商业宣传"：（一）对商品作片面的宣传或者对比；（二）将科学上未定论的观点、现象等当作定论的事实用于商品宣传；（三）使用歧义性语言进行商业宣传；（四）其他足以引人误解的商业宣传行为。人民法院应当根据日常生活经验、相关公众一般注意力、发生误解的事实和被宣传对象的实际情况等因素，对引人误解的商业宣传行为进行认定。

本案中的知名商品为"红罐王某吉凉茶"，在红罐王某吉凉茶产品的罐体上包括"黄色王某吉文字、红色底色等色彩、图案及其排列组合等组成部分在内的整体内容"，为知名商品特有包装装潢。G集团与加某宝公司均主张对红罐王某吉凉茶的特有包装装潢享有权益，结合红罐王某吉凉茶的历史发展过程、双方的合作背景、消费者的认知及对公平原则的考量，因 G 集团及其前身、加某宝公司及其关联企业，均对涉案特有包装装潢权益的形成、发展和商誉建树发挥了积极的作用，将涉案特有包装装潢权益完全判归任一方所有，均会导致显失公平的结果，并可能损及社会公众利益。因此，涉案知名商品特有包装装潢权益，在遵循诚实信用原则和尊重消费者认知并不损害他人合法权益的前提下，可由 G 集团与加某宝公司共同享有。在此基础上， G 集团与加某宝公司相互指控对方生产销售的红罐凉茶商品构成擅自使用他人知名商品特有包装装潢的主张，均不能成立，对 G 集团及加某宝公司的诉讼请求均予以驳回。

🖋 风险提示

认定广告是否构成《反不正当竞争法》规定的虚假宣传行为，应结合相关广告语的内容是否有歧义、是否易使相关公众产生误解，以及行为人是否有虚假宣传的过错等因素判断。一方当事人基于双方曾经的商标使用许可合同关系以及自身为提升相关商标商誉所作出的贡献等因素，发布涉案广告语，告知消费者基本事实，符合客观情况，不存在易使相关公众误解的可能，也不存在不正当地占用相关商标的知名度和良好商誉的过错，不构成《反不正当竞争法》规定的虚假宣传行为。

📑 法条链接

《中华人民共和国反不正当竞争法》第八条

《最高人民法院关于适用〈中华人民共和国反不正当竞争法〉若干问题的解释》第四条、第十七条

10. 面对网络上的商业诋毁，公司应利用证据维护合法权益

案例：李某某、范某某损害商业信誉、商品声誉案

🔖 案例简介

A公司系一家互联网企业，某App是一种互联网社交软件，系该公司唯一商业运营的互联网产品。

B公司实际控制人李某某伙同下属范某某，为达到打压同行业竞争对手的目的，在明知违规内容经该App运营平台审核不会被公开发布的情况下，在该App上发布违规内容并伪装该内容已被公开发布的假象，捏造该App允许用户发布违规内容的相关材料并通过他人向监管部门举报。因上述举报，该App被监管部门作出从全国应用商

店下架的处置。用户无法通过多家主流应用平台等渠道下载该 App 或享受更新服务。A 公司因该 App 被下架遭受重大经济损失。

法院最终以损害商业信誉、商品声誉罪判处被告人李某某有期徒刑一年，缓刑一年，并处罚金人民币五万元；判处被告人范某某有期徒刑九个月，缓刑一年，并处罚金人民币三万元。扣押在案的退赔款发还被害单位。

📝 案例分析

根据《刑法》第二百二十一条的规定，捏造并散布虚伪事实，损害他人的商业信誉、商品声誉，给他人造成重大损失或者有其他严重情节的，处二年以下有期徒刑或者拘役，并处或者单处罚金。

商业信誉是经营者在市场经营活动中对其产品或服务的市场推广、技术研发以及广告宣传等领域经过长期努力建立起来的企业形象和市场评价，是企业赖以生存的无形资产。然而，随着市场经济的发展和网络时代的到来，损害他人商业信誉、商品声誉的行为越来越多，不仅损害了他人的商业信誉和商品声誉利益，降低了其市场竞争力，更破坏了正常有序的市场管理秩序，甚至使得部分企业家触犯损害商业信誉、商品声誉罪，给公司及其自身带来不可挽回的负面影响。

互联网领域恶性商业诋毁行为相较传统行业类似行为存在新的表现特征。根据《网络安全法》《互联网信息服务管理办法》等法律法规的规定，包含互联网 App 在内的网络信息内容服务平台应当承担信息发布审核、网络谣言处置等管理主体责任。本案中，行为人通过更改账号用户名并截屏的方式造成第三人视角下有害信息已经被公开发布的假象，并以此作为该 App 平台未履行审核义务的举报材料，应当认定为捏造形成的虚伪事实。涉案 App 被恶意举报下架后，用户不能通过主流应用平台下载，减少了该 App 的受众渠道及新增用户量，降低了 A 公司的市场地位及发展预期，A 公司遭受重大经济损失，在对被害单位造成信誉损害的同时还严重破坏了正常的市场竞争秩序。同时，A 公司名下仅运营涉案 App 这一款互联网产品，其企业商业信誉与商品声誉具有高度统一性，因此对于涉案 App 的恶意诋毁行为导致上述两种商誉同时受损，因此本案被定性为损害商业信誉、商品声誉罪。

🖊 风险提示

公平竞争是市场经济的基本原则，是市场机制高效运行的重要基础。纠正网络行业乱象，明确界定不正当竞争行为。由于互联网行业服务的无形性、信息不对称性等特征，使得该领域不正当竞争行为呈现出新态势。恶性商业诋毁行为不仅包括利用互联网公开捏造、诋毁竞争对手，也包括向监管部门恶意举报竞争对手等不正当竞争手段。本案中的被告人向网络监管部门进行恶意投诉的行为即较为典型的情形之一。该行为不仅侵害了企业利益，更破坏了正常的互联网市场竞争秩序，本质上是一种扰乱市场秩序的不正当竞争行为。市场中，一些企业常常在互联网平台遭受恶意商业诋毁，对企业经营与发展造成了很大影响，在面对类似情形时，企业应切实保存证据，维护好其合法权益。

法条链接

《中华人民共和国刑法》第二百二十一条

《中华人民共和国反不正当竞争法》第十一条

《最高人民法院关于适用〈中华人民共和国反不正当竞争法〉若干问题的解释》

四、反商业贿赂合规

1. 经手财物要当心，应防范职务侵占

案例：郭某职务侵占案

案例简介

　　北京某物业公司于 2005 年成立，由郭某任公司总经理。甲小区和乙小区被北京市某区某街道办事处确定为环卫项目示范推广单位。按照规定，两小区应选聘 19 名指导员从事宣传、指导、监督、服务等工作，政府部门按每名指导员每月 600 元标准予以补贴。上述两小区由北京某物业公司负责物业管理，两小区 19 名指导员补贴款由该物业公司负责领取发放。郭某任职期间，将其代表物业公司领取的指导员补贴款共计人民币 33 余万元据为己有。经查，郭某任职期间，通过与其好友贾某（已另案处理）以虚假诉讼、恶意对账等方式非法侵占物业公司钱款 50 余万元。

　　法院经审理认定郭某犯职务侵占罪。

📝 案例分析

《刑法》第二百七十一条第一款规定："公司、企业或者其他单位的工作人员，利用职务上的便利，将本单位财物非法占为己有，数额较大的，处三年以下有期徒刑或者拘役，并处罚金；数额巨大的，处三年以上十年以下有期徒刑，并处罚金；数额特别巨大的，处十年以上有期徒刑或者无期徒刑，并处罚金。"本案中，郭某以非法占有为目的，利用其公司总经理的职务之便，伙同他人以虚假诉讼等方式非法占有物业公司钱款50余万元、以物业公司的名义占有补贴款30余万元，并将此款项转移至个人账户用于挥霍。根据《刑法》的规定，郭某的行为构成职务侵占罪，并且数额较大。尽管郭某辩称自己没有非法占有的目的，但是相关钱款已经转移至郭某的个人账户，部分钱款已经被郭某用于购置奢侈品，根据主客观统一的原则，郭某的行为确实体现了非法占有的目的。

✒️ 风险提示

实务中，有不少高管"绞尽脑汁"将企业的财物据为己有，如本案中的郭某采用了虚假诉讼和直接侵占的方式，也有一些高管采用虚假对账、串通收购等方式，直接或间接地占有公司财物，给公司带来极大的损失。企业高级管理人员在任职期间会经手诸多款项，任职期间应当保证"心放正"。企业主们也应当提高警惕，在企业内部设立合适的监管审批机制，防患于未然。

⬅ **法条链接**

《中华人民共和国刑法》第二百七十一条

2. 公司生产经营应树立红线意识，不能用"特殊手段"去"疏通"

案例：胡某某等人生产、销售有毒、有害食品，行贿；黎某某等人受贿，食品监管渎职案

📖 **案例简介**

胡某某、刘某1、叶某某、刘某2、张某某、余某某等人每人出资2万元，在未取得营业执照和卫生许可证的情况下，在某农产品批发市场租赁加工区建立加工厂，利用病、死、残猪猪肉为原料，加入亚硝酸钠等调料，生产腊肠、腊肉并进行销售，平均每天销售约500公斤。该工厂主要由胡某某负责采购病、死、残猪猪肉，刘某1负责销售，刘某2等人负责加工生产，张某某、叶某某等人负责打杂及协作。

之后，经群众举报，执法部门查处了该加工厂，当场缴获大量腊肠、腊肉、未检验的腊肉半成品、工业用盐、"敌百虫"、亚硝酸钠等物品；公安机关缴获的半成品猪肉经省抽样检测，含"敌百虫"等有害物质且严重超标。

黎某某先后兼任镇产品质量和食品安全工作领导小组成员、经贸办副主任、中堂食安委副主任兼办公室主任、食品药品监督站站长，负责对中堂镇全镇食品安全的监督管理，包括中堂镇内食品安全综合协调职能和依法组织各执法部门查处食品安全方面的举报等工作。

黎某某、王某等人在组织执法人员查处某农产品批发市场的无证照腊肉、腊肠加工窝点过程中，收受刘某1、胡某某、余某某等人贿款共55000元。

黎某某在收受贿款之后，滥用食品安全监督管理的职权，多次在检查之前打电话通知余某某或胡某某，让他们做好准备，把加工场内生产原料和腊肉、腊肠藏好，逃避查处，导致胡某某等人在一年多时间内持续非法利用病、死、残猪猪肉生产"敌百虫"和亚硝酸盐成分严重超标的腊肠、腊肉，销往周边城市的食堂和餐馆。黎某某还多次在带队稽查过程中，明知刘某1等人非法生产、销售死猪猪肉、排骨而不履行查处职责，王某还多次在参与联合执法行动前打电话给刘某1通风报信，让其逃避查处。

案例分析

《刑法》第一百四十四条规定："在生产、销售的食品中掺入有毒、有害的非食品原料的，或者销售明知掺有有毒、有害的非食品原料的食品的，处五年以下有期徒刑，并处罚金；对人体健康造成严重危害或者有其他严重情节的，处五年以上十年以下有期徒刑，并处罚金；致人死亡或者有其他特别严重情节的，依照本法第一百四十一条的规定处罚。"

第三百八十五条规定："国家工作人员利用职务上的便利，索取他人财物的，或者非法收受他人财物，为他人谋取利益的，是受贿罪。国家工作人员在经济往来中，违反国家规定，收受各种名义的回扣、手续费，归个人所有的，以受贿论处。"

第四百零八条之一规定："负有食品药品安全监督管理职责的国家机关工作人员，滥用职权或者玩忽职守，有下列情形之一，造成严重后果或者有其他严重情节的，处五年以下有期徒刑或者拘役；造成特别严重后果或者有其他特别严重情节的，处五年以上十年以下有期徒刑：（一）瞒报、谎报食品安全事故、药品安全事件的；（二）对发现的严重食品药品安全违法行为未按规定查处的；（三）在药品和特殊食品审批审评过程中，对不符合条件的申请准予许可的；（四）依法应当移交司法机关追究刑事责任不移交的；（五）有其他滥用职权或者玩忽职守行为的。徇私舞弊犯前款罪的，从重处罚。"

胡某某、刘某 1、叶某某、刘某 2、张某某等人无视法律规定，在生产、销售的食品中掺入有毒、有害的非食品原料，其行为已构成生产、销售有毒、有害食品罪，且属情节严重；黎某某身为国家工作人员，利用职务之便，多次收受贿款，同时，黎某某还违背所负的食品安全监督管理职责，滥用职权为刘某 1 等人牟取非法利益，造成严重后果，被告人黎某某的行为已构成受贿罪、食品监管渎职罪；被告人胡某某、刘某 1、余某某为牟取不正当利益，多次向黎某某行贿，其三人的行为均已构成行贿罪。对上述行为，依法均应惩处，对胡某某、刘某 1、黎某某、王某依法予以数罪并罚。刘某 1 在被追诉前主动交代其行贿行为，依法可以从轻处罚；刘某 1 还举报了胡某某向黎某某行贿 5000 元的事实，并经查证属实，是立功，依法可以从轻处罚。黎某某归案后已向侦查机关退出全部赃款，对其从轻处罚。胡某某、刘某 1、张某某、叶某某、余某某归案后如实供述犯罪事实，认罪态度较好，均可从轻处罚；被告人黎某某在法庭上认罪态度较好，可酌情从轻处罚。

风险提示

实施生产、销售有毒、有害食品犯罪，为逃避查处向负有食品安全监管职责的国家工作人员行贿的，应当以生产、销售有毒、有害食品罪和行贿罪实行数罪并罚。负有食品安全监督管理职责的国家机关工作人员，滥用职权，向生产、销售有毒、有害食品的犯罪分子通风报信，帮助逃避处罚的，应当认定为食品监管渎职罪；在渎职过程中受贿的，应当以食品监管渎职罪和受贿罪实行数罪并罚。实务中，企业应当严把质量关，为市场和消费者提供优质的产品。同时也应该以真实、配合的态度和监管部门形成良好的互动关系，而不应当以藏匿、躲避、行贿等方式蒙混过关，这种行为不仅危害市场和消费者，也侵蚀了市场监管团队，更损害了企业的市场信誉，最重要的是，企业负责人可能要承担刑事责任。

法条链接

《中华人民共和国刑法》第一百四十四条、第三百八十五条、第三百八十九条、第四百零八条之一

3. 收点回扣才是经商之道？警惕非国家工作人员受贿

案例简介

　　冯某、黄某某分别担任北京 S 科技有限公司（以下简称 S 公司）外卖事业部华南区域经理和大客户销售经理。2017 年，冯某、黄某某与"某某比萨"的全国市场营业部负责人王某某（另案处理）商定，由王某某按照每月 15 万元人民币支付"团建费用"给冯某、黄某某，冯某、黄某某则在降低 S 公司的抽成比例、提供优惠补贴、流量卡等方面对"某某比萨"提供帮助。随后，王某某按照每月 15 万元标准将款项转到黄某某指定的银行账号，共计转款人民币 540 万元。

　　人民法院判决认定，冯某、黄某某犯非国家工作人员受贿罪，均判处有期徒刑三年六个月，并处罚金人民币50 万元。追缴冯某的违法所得 260.5 万元，黄某某的违法所得 272 万元。

案例分析

　　《刑法》第一百六十三条规定："公司、企业或者其他单位的工作人员，利用职务上的便利，索取他人财物或者非法收受他人财物，为他人谋取利益，数额较大的，处三年以下有期徒刑或者拘役，并处罚金；数额巨大或者有其他严重情节的，处三年以上十年以下有期徒刑，并处罚金；数额特别巨大或者有其他特别严重情节的，处十年以上有期徒刑或者无期徒刑，并处罚金。公司、企业或者其他单位的工作人员在经济往来中，利用职务上的便利，违反国家规定，收受各种名义的回扣、手续费，归个人所有的，依照前款的规定处罚。国有公司、企业或者其他国有单位中从事公务的人员和国有公司、企业或者其他国有单位委派到非国有公司、企业以及其他单位从事公务的人员有前两款行为的，依照本法第三百八十五条、第三百八十六条的规定定罪处罚。"

　　本案中，尽管冯某、黄某某辩解称 S 公司与"某某比萨"的合作最终决定权均是由公司决策层决定，与两人所提供的帮助并没有直接联系；两人在本案中并没有违反公司规定，没有利用职务上的便利。而实际上，冯某、黄某某在非法收受财物后，利用职务上的便利，给"某某比萨"提供的补贴、超级流量卡分配占比较大，资源配置异常。冯某、黄某某违规为"某某比萨"配置巨额补贴、流量等倾斜政策的行为严重扰乱了 S 公司在华南区域的正常经营秩序，破坏市场公平竞争环境。两人是"某某比萨"

业务的直接联系人和负责人，利用了职务上的便利，此行为已经构成犯罪。

风险提示

健康合规的平台环境对平台内经营者至关重要，是构建公平竞争市场环境的重要组成部分，特别是大型互联网平台员工的犯罪行为可能对市场公平竞争环境造成破坏和影响。收受贿赂（包括但不限于手续费、回扣、返点等）不仅会破坏公平的市场竞争环境，还会构成刑事犯罪，不仅企业商誉会受到影响，企业家和相关负责人还会受到刑罚。

法条链接

《中华人民共和国刑法》第一百六十三条

五、合规不起诉

1. 提供虚假证明文件的涉案公司，积极配合合规整改、评估

案例：江苏 F 公司、严某某、王某某
提供虚假证明文件案

案例简介

2019 年 1 月，江苏 F 土地房地产评估咨询有限公司（以下简称 F 公司）接受委托为 G 公司协议搬迁项目进行征收估价，先是采取整体收益法形成了总价为 2.2 亿余元的评估报告初稿。为满足 G 公司要求，F 公司总经理王某某要求估价师严某某将涉案地块评估单价提高。严某某在无事实依据的情况下，通过随意调整评估报告中营业收益率，将单价自 2.1 万元提高至 2.3 万元，后又经王某某许可，通过加入丈量面积与证载面积差等方式，再次将单价提高到 2.4 万余元，最终形成的《房屋征收分户估价报

告》将房屋评估总价定为 2.5 亿余元。后相关部门按此评估报告进行拆迁补偿，造成国家经济损失 2500 万余元。

2021 年 5 月，某市公安局某分局以 F 公司、严某某、王某某涉嫌提供虚假证明文件罪向区检察院移送审查起诉。2021 年 6 月，区检察院依法对严某某、王某某以提供虚假证明文件罪提起公诉。2021 年 9 月，区法院以提供虚假证明文件罪判处严某某有期徒刑二年，罚金十万元；判处王某某有期徒刑一年六个月，缓刑二年，罚金八万元。2022 年 1 月，区检察院依法对 F 公司作出不起诉决定。

案例分析

根据《刑法》第二百二十九条的规定："承担资产评估、验资、验证、会计、审计、法律服务、保荐、安全评价、环境影响评价、环境监测等职责的中介组织的人员故意提供虚假证明文件，情节严重的，处五年以下有期徒刑或者拘役，并处罚金；有下列情形之一的，处五年以上十年以下有期徒刑，并处罚金：（一）提供与证券发行相关的虚假的资产评估、会计、审计、法律服务、保荐等证明文件，情节特别严重的；（二）提供与重大资产交易相关的虚假的资产评估、会计、审计等证明文件，情节特别严重的；（三）在涉及公共安全的重大工程、项目中提供虚假的安全评价、环境影响评价等证明文件，致使公共财产、国家和人民利益遭受特别重大损失的。有前款行为，同时索取他人财物或者非法收受他人财物构成犯罪的，依照处罚较重的规定定罪处罚……"

本案中，F公司的严某某、王某某在协议搬迁项目估价过程中，随意提高价格，涉嫌提供虚假证明文件罪。受理案件后，区检察院对涉案企业开展办案影响评估，调取涉案企业相关材料；到涉案企业了解行业资质、业务流程、监督管理制度设置等情况。F公司从业人员39人，曾获评市优秀估价机构、诚信单位，涉案导致公司参与的多项招投标业务停滞，经营面临困难。区检察院评估后认为，涉案企业以往经营和纳税均正常，案发后企业和个人认罪认罚，且主动提交合规申请，承诺建立企业合规制度。鉴于此，区检察院启动了企业合规整改，确定为期6个月的合规考察期。

涉案企业属于小微企业，检察院决定对企业涉案的房地产估价业务开展简式合规。包括指导涉案企业开展风险自查，形成自查报告；结合案件办理中暴露出的问题，指导企业修订合规计划；围绕风险点，制发检察建议，督促企业查漏补缺。涉案企业依据指导设立合规部门、修订员工手册、制定《评估业务合规管理制度》、委托研发线上审批的OA（Office Automation，办公自动化）系统、组织开展业务技术规范培训和合规管理制度培训。为降低合规成本、减轻企业经济负担，由区检察院直接开展合规监管、评估，设置合规整改时间表，要求涉案企业明确整改节点、按时序推进。同时为确保专业性和公平性，邀请三名专业人员协助检察机关开展合规监管、评估。经过6个月的合规整改，检察院组织公开听证，对合规整改进行评估验收。

鉴于两名责任人严重违反职业道德、违法出具证明文件，造成国家经济损失巨大，区检察院于2021年6月依法对严某某、王某某以提供虚假证明文件罪提起公诉。同时，对涉案企业开展合规工作和监管验收，经综合审查认定F公司通过评估验收。 2022年1月，区检察院依法对F公司作出不起诉决定。

📋 风险提示

企业在生产经营过程中，一定要加强合规监管，避免提供虚假证明文件，进而触犯刑法。本案中，检察院对涉案的小微企业开展了合规整改，根据《涉案企业合规建设、评估和审查办法（试行）》的规定，简化合规审查、评估、监管等程序，由检察机关主导合规监管和验收评估，并直接对涉案企业提交的合规计划和整改报告进行审查。针对涉案企业和责任人，坚持认罪认罚从宽制度和宽严相济刑事政策，准确区分了单位及责任人的责任。企业面对自身制度建设和监督管理方面的漏洞，应积极探索适合自身的合规模式，保证合规计划制订、实施、验收评估等基本环节执行到位。

🔲 法条链接

《中华人民共和国刑法》第二百二十九条

中华全国工商业联合会、最高人民检察院、司法部、财政部、生态环境部、国务院国有资产监督管理委员会、国家税务总局、国家市场监督管理总局、中国国际贸易促进委员会《涉案企业合规建设、评估和审查办法（试行）》第十四条

2. 涉嫌投放违规广告的公司，积极配合完成合规整改

案例：浙江杭州 T 公司、陈某某等人帮助信息网络犯罪活动案

🔲 案例简介

杭州 T 网络科技有限公司（以下简称 T 公司）系 D 公司全资子公司，主营第三方互动式广告平台业务。T 公司是国家高新技术企业，拥有多项国家专利，先后荣获诸

多政府和行业荣誉奖项。T公司的实际控制人、主管人员、业务员为陈某某等12人。

2017年，T公司发现其互动广告业务中部分代理商可能存在发布彩票广告和疑似涉赌信息的情形，但为提升公司经营业绩，兼任T公司、D公司董事长的陈某某与时任公司总裁的黎某某等人商定，仍由销售部人员对接相关代理商，商谈投放费用；运营部人员落实广告投放平台、投放时间、投放区域，采用直推或增加关注等方式向网络平台推送广告及后续维护；商务部人员在网络平台购买广告位进行发布，处理投诉和相关舆情；风控部人员对已上线广告明显为赌博页面的及时予以下架，规避查处。案发后，T公司第一时间下架所有该类型广告，并主动退出1350万元非法获利。

2021年5月，检察院依法受理了T公司、陈某某等12人涉嫌帮助信息网络犯罪活动罪一案。针对是否涉嫌开设赌场罪的共同犯罪问题，检察机关审查认为，T公司、陈某某等人与上游犯罪分子没有共谋或默认的共同故意，也未实施共同的犯罪行为，没有直接从上游犯罪行为中获取高额利益，在侦查机关查证的情况下，不宜认定T公司、陈某某等人与上游被帮助人存在积极的意思联络，案件以帮助信息网络犯罪活动罪定性较为适宜。经调查，检察机关综合考虑，于2022年2月对T公司启动涉案企业合规考察。在 T 公司完成有效合规整改后，2022 年 9 月，依法对 T 公司、陈某某等 12 人作出不起诉决定。

案例分析

根据《广告法》第九条的规定："广告不得有下列情形：……（五）妨碍社会安定，损害社会公共利益；……（八）含有淫秽、色情、赌博、迷信、恐怖、暴力的内容；……"根据《刑法》第二百八十七条之二的规定："明知他人利用信息网络实施犯罪，为其犯罪提供互联网接入、服务器托管、网络存储、通讯传输等技术支持，或者提供广告推广、支付结算等帮助，情节严重的，处三年以下有期徒刑或者拘役，并处或者单处罚金。单位犯前款罪的，对单位判处罚金，并对其直接负责的主管人员和其他直接责任人员，依照第一款的规定处罚……"T 公司发现其互动广告业务中部分代理商可能存在发布彩票广告和疑似涉赌信息的情形，但仍然落实广告投放，涉嫌帮助信息网络犯罪活动。

T 公司作为一家成长型科技企业，规模发展迅速，存在重业绩增长，轻法律风险等问题，公司在停止违法行为后，其业绩稳中向好，具备合规整改的基础和意义。检察院与监管部门、上级检察院开展共同研判，考虑到公司发展前景较好，涉案业务比重小，主要业务运营合法，结合管理层主动停止违法行为着手合规整改的情况，在对其提交的合规申请、整改材料认真审查后，决定对该公司开展合规考察。

此外，检察院根据企业特点，科学选任第三方组织，邀请了省、市两级检察院参与并实际指导，研究并提出整改方向和建议。合规考察期间，公司"一周一汇报、一月一总结"，及时解决整改中的问题。2022年5月考察期满后，第三方组织认为T公司按要求完成合规整改计划，评定合规整改合格。检察院经过事后走访、现场验收等方式对该结果予以充分审查。同年9月，西湖区检察院组织公开听证会，邀请省人大代表、人民监督员、工商联代表、第三方组织成员等参加或旁听。经评议，与会人员对T公司合规整改成效充分肯定，一致同意检察机关对T公司及涉案人员依法作出不起诉决定。

📝 风险提示

互联网广告的高频性、易变性和非接触性，导致经营互联网广告业务的企业在实际经营过程中，难以判断广告主的违法性，极易成为网络违法犯罪的"帮凶"。相关企业一定要在业务中不断提升合规意识，加强自身合规制度建设，实现合规经营。本案中，检察机关针对互联网广告行业属性、技术行为合规规则，发挥联动监督的叠加优势，综合施策，提升了涉案企业合规监督评估的精准性和有效性。涉案企业在合规监管过程中，也要努力整改到位，管好自己的同时也管理好合作伙伴，以点带面，共同推动行业良性发展。

法条链接

《中华人民共和国刑法》第二百八十七条之二

《中华人民共和国广告法》第九条

最高人民检察院、司法部、财政部、生态环境部、国务院国有资产监督管理委员会、国家税务总局、国家市场监督管理总局、中华全国工商业联合会、中国国际贸易促进委员会《关于建立涉案企业合规第三方监督评估机制的指导意见（试行）》第四条

3. 对非国家工作人员行贿的涉案公司，积极整改并弥补漏洞

案例：王某某、林某某、刘某乙对非国家工作人员行贿案

案例简介

深圳 Y 科技股份有限公司（以下简称 Y 公司）系深

圳 H 智能技术有限公司（以下简称 H 公司）的音响设备供货商。Y 公司业务员王某某，为了在 H 公司音响设备选型中获得照顾，向 H 公司采购员刘某甲陆续支付"好处费"25 万元，并在刘某甲的暗示下向 H 公司技术总监陈某行贿 24 万余元。由王某某通过公司采购流程与深圳市 A 数码科技有限公司（以下简称 A 公司）签订采购合同，将资金转入至 A 公司账户，A 公司将相关费用扣除后，将剩余的资金转入至陈某指定的账户中。Y 公司副总裁刘某乙、财务总监林某某，对相关款项进行审核后，王某某从公司领取行贿款项实施行贿。

2019 年 10 月，H 公司向深圳市公安局南山分局报案，王某某、林某某、刘某乙及刘某甲、陈某相继到案。2020 年 3 月，深圳市公安局南山分局以王某某、林某某、刘某乙涉嫌对非国家工作人员行贿罪，刘某甲、陈某涉嫌非国家工作人员受贿罪向深圳市南山区检察院移送审查起诉。

2020 年 4 月，检察机关对王某某依据《刑事诉讼法》第一百七十七条第二款作出不起诉决定，对林某某、刘某乙依据《刑事诉讼法》第一百七十七条第一款作出不起诉决定，以陈某、刘某甲涉嫌非国家工作人员受贿罪向深圳市南山区法院提起公诉。同月，深圳市南山区法院以非国家工作人员受贿罪判处被告人刘某甲有期徒刑 6 个月，判处被告人陈某拘役 5 个月。法院判决后，检察机关于 2020 年 7 月与 Y 公司签署合规监管协议，协助企业开展合规建设。

📝 **案例分析**

《刑法》第一百八十四条规定："银行或者其他金融机构的工作人员在金融业务活动中索取他人财物或者非法收受他人财物，为他人谋取利益的，或者违反国家规定，收受各种名义的回扣、手续费，归个人所有的，依照本法第一百六十三条的规定定罪处罚。国有金融机构工作人员和国有金融机构委派到非国有金融机构从事公务的人员有前款行为的，依照本法第三百八十五条、第三百八十六条的规定定罪处罚。"

本案中，Y 公司的业务员王某某为了在 H 公司音响设备选型中获得照顾，经过 Y 公司副总裁刘某乙、财务总监林某某对相关款项进行审核后，从公司领取行贿款项对 H 公司相关人员实施了行贿。H 公司采购员刘某甲、技术总监陈某分别收受了 25 万元、24 万元"好处费"。之后，H 公司向公安局报案，王某某、林某某、刘某乙及刘某甲、陈某相继到案。该案件中，王某某、林某某、刘某乙涉嫌对非国家工作人员行贿罪，刘某甲、陈某涉嫌非国家工作人员受贿罪。

H 公司在案发后报案，Y 公司与检察机关签署了合规监管协议，着手制定企业内部反舞弊和防止商业贿赂指引等一系列规章制度，增加企业合规的专门人员。最终检察机关根据相关情节，依法对 Y 公司的王某某、林某某、刘某乙作出了不起诉决定。

检察机关在司法办案过程中了解到，Y 公司属于深圳市南山区拟上市的重点企业，该公司在专业音响领域处于国内领先地位，已经在开展上市前辅导，但本案暴露出 Y 公司在制度建设和日常管理中存在较大漏洞。检察机关与 Y 公司签署合规监管协议后，围绕与商业贿赂犯罪有密切联系的企业内部治理结构、规章制度、人员管理等方面存在的问题，制定可行的合规管理规范，构建有效的合规组织体系，健全合规风险防范报告机制，弥补企业制度建设和监督管理漏洞，防止再次发生相同或者类似的违法犯罪事件。 Y 公司对内部架构和人员进行了重整，着手制定企业内部反舞弊和防止商业贿赂指引等一系列规章制度，增加企业合规的专门人员。检察机关通过回访 Y 公司合规建设情况，针对企业可能涉及的知识产权等合规问题进一步提出指导意见，推动企业查漏补缺并重启了上市申报程序。

📝 风险提示

检察机关积极推动企业合规与依法适用不起诉相结

合。依法对涉案企业相关人员作出不起诉决定，通过对企业提出整改意见，推动企业合规建设，进行合规考察等后续工作，让涉案企业既为违法犯罪付出代价，又吸取教训建立健全防范再犯的合规制度，维护正常经济秩序。企业在经营管理过程中，对于一些触犯刑法，涉嫌违法犯罪的行为，要努力争取"合规不起诉"，注意合规制度建设和落地，积极进行合规整改。

法条链接

《中华人民共和国刑法》第一百八十四条

《中华人民共和国刑事诉讼法》第一百七十七条

最高人民检察院、司法部、财政部、生态环境部、国务院国有资产监督管理委员会、国家税务总局、国家市场监督管理总局、中华全国工商业联合会、中国国际贸易促进委员会《关于建立涉案企业合规第三方监督评估机制的指导意见（试行）》第四条

图书在版编目（CIP）数据

民营企业合规风险防范典型案例解析／王欣主编
. —北京：中国法制出版社，2023. 11
ISBN 978-7-5216-3630-7

Ⅰ.①民… Ⅱ.①王… Ⅲ.①民营企业-企业法-中
国-指南 Ⅳ.①D922. 291. 91-62

中国国家版本馆 CIP 数据核字（2023）第 108222 号

责任编辑：胡艺　马春芳　刘悦　杨智　　　　封面设计：周黎明

民营企业合规风险防范典型案例解析
MINYING QIYE HEGUI FENGXIAN FANGFAN DIANXING ANLI JIEXI

主编/王欣
经销/新华书店
印刷/三河市紫恒印装有限公司
开本/880 毫米×1230 毫米　32 开　　　　印张/7.25　字数/118 千
版次/2023 年 11 月第 1 版　　　　　　　2023 年 11 月第 1 次印刷

中国法制出版社出版
书号 ISBN 978-7-5216-3630-7　　　　　　　　　定价：42. 80 元

北京市西城区西便门西里甲 16 号西便门办公区
邮政编码：100053　　　　　　　　　　　　传真：010-63141600
网址：http：//www.zgfzs.com　　　　编辑部电话：**010-63141816**
市场营销部电话：010-63141612　　　印务部电话：**010-63141606**

（如有印装质量问题，请与本社印务部联系。）